「○○話せる タビトモ会話」の使い方

○○色のものはありますか？……日本語
Do you have this in ○○? ……現地語
ドゥ ユ ハヴ ズィス イン ○○ ♪ ……現地語読み

はい
Sure.
シュアァ

いいえ
No. Sorry.
ノウ サリィ

日本人　　　ハワイ人

※日本人と現地のハワイの人をイラストで分かりやすく示しわけています。左側の男女が日本人、右側の男女がハワイの人を表しています。

ソファベッド
sofa bed
ソファ ベッド

居間
living room
リヴィング ルーム

観光しよう
Let's see the sights!

入場料はいくらですか？
How much is admission?
ハウ マッチ イズ アドミッション

○○ドルです
It's ○○ dollars.
イッツ ○○ ダラァズ

無料です
It's free.
イッツ フリー

○○割引はありますか？
Do you offer a ○○ discount?
ドゥ ユ オファ ア ○○ ディスカウント

シニア senior シニア
学生 student ステューデント
子供 children's チゥドレンズ
団体 group グループ

上 up アップ
下 down ダウン
最初の first ファースト
次の next ネクスト
右 right ライト
左 left レフト
直進 go straight ゴウ ストレイト
曲がる turn ターン

○○行きのバス停はどこですか？
Where is the bus stop for ○○?
ウェァ イズ ザ バス ストップ フォー ○○

到着したら教えてください
Please let me know when we arrive.
プリーズ レット ミ ノウ ウェン ウィ アライヴ

開始（開館）時間は何時ですか？
What time do you close (open)?
ワット タイム ドゥ ユ クロウズ（オウプン）

冷蔵庫 refrigerator リフリジレイタ
コンロ stove ストーヴ
トースター toaster トースタ
生ゴミ粉砕機 waste disposal ウェイスト ディスポウザル
電子レンジ microwave oven マイクロウェイヴ オーヴン

食卓 dining table ダイニング テイブル
食器洗い機 dish washer ディッシュ ウォッシャ

ソファベッド sofa bed ソファ ベッド
居間 living room リヴィング ルーム
寝室 bed room ベッド ルーム

ワイキキトロリー
Waikiki Trolley
ワイキキトロリー

最終バス
the last bus
ザ ラスト バス

バス停
bus stop
バス ストップ

ザ・バス
The bus
ザ バス

使える！ワードバンク　ブランド編

ティファニー Tiffany ティファニー
ポロ・ラルフローレン Polo Ralph Lauren ポロ ローレン
カルバン・クライン Calvin Klein カゥヴィン クライン
レインズ Reyn's レインズ
コーチ Coach コウチ
バナナ・リパブリック Banana Republic バナナ リパブリック
ギャップ Gap ギャップ
ロコ・ブティック Loco Boutique ロコ ブティック

行動別インデックス

旅先でしたいことを行動別に検索できるカラーインデックス。それぞれ行動別に区切りをつけて色別に構成しました。さあ、あなたはこれから何をしますか？

使える！ワードバンク

入れかえ単語以外で、その場面で想定される単語、必要となる単語をひとまとめにしました。ちょっと知っておくと役立つ単語が豊富に揃っています。

ひとくちコラム

お国柄によって異なる文化、マナーやアドバイスなど役立つ情報を小さくまとめました。ほっとひと息つくときに読んでみるのもおすすめです。お国柄にちなんだイラストが案内してくれます。

はみ出し情報

知っておくと便利な情報などを欄外にまとめました。おもしろネタもいっぱいで必見です。

本書は、海外旅行先でのコミュニケーションに役立つ本です。外国の人たちとできるだけ近い感覚で会話ができるように、現地語は話し言葉を紹介しています。また、現地語の読みについては、なるべく原音に近い発音で読み仮名を付けています。現地の人たちが日常生活で使っている言葉や単語を旅行者も使ってみることが、異文化コミュニケーションをはかる第一歩です。

はじめよう　歩こう　食べよう　買おう　極めよう　伝えよう　日本の紹介　知っておこう

絵を見て話せる タビトモ会話 目次

はじめよう

| マンガ | アロハとマハロ …… 4 |
| | モーニング・サービスはどこ？ …… 5 |

- あいさつしよう ………… 6
- 呼びかけよう ………… 8
- 自己紹介しよう ………… 10
- ボディ・ランゲージで会話しよう … 12

歩こう

| マンガ | リラックス …… 14 |

[さあ、歩こう！　べんりマップ]
- 島を巡ろう ………… 16
- オアフ島を巡ろう ………… 18
- ダウンタウンを歩こう ………… 20
- ワイキキ＆アラモアナを歩こう ………… 22
- 隣島へ移動しよう ………… 24
- 市内を移動しよう ………… 26
- レンタカーでドライブしよう ………… 28
- 観光しよう ………… 30
- 泊まってみよう ………… 32
- コンドミニアムに泊まろう ………… 34

食べよう

| マンガ | 大歓迎 …… 36 |
| | 2ジョブ …… 37 |

- レストランへ行こう ………… 38
- 一流レストラン ………… 40

[これ、食べよう！　欲張りメニュー]
- 各国料理を食べよう ………… 42
- デザート＆カクテル ………… 44
- プレート・ランチ＆ローカル・フード ………… 46
- B級グルメを食べよう ………… 48
- 調理方法と味付け ………… 50
- 食材を選ぼう ………… 52

買おう

| マンガ | ハワイでTシャツ …… 54 |
| | ショッピング天国 …… 55 |

- 買い物に行こう ………… 56
- 好きな色・柄・素材を探そう ………… 58
- 欲しいサイズ・アイテムを伝えよう ………… 60
- ABCストアに行こう ………… 62
- スーパーへ行こう ………… 64

ハワイ

ハワイ英語 ⇔ 日本語/ハワイ語

極めよう

マンガ	クジラ	66
	ハワイ通	67

マリンスポーツを楽しもう …………… 68
ゴルフを楽しもう …………………… 70
ハワイアン・エステ＆スパできれいになろう … 72
ハワイアン・ミュージックを聴こう … 74
フラを見よう ………………………… 76
スワップミートを楽しもう …………… 78
クラフトを習おう …………………… 80
イベント・祝祭日・季節 ……………… 82

伝えよう

マンガ	語学力というよりは	84

数字・序数 …………………………… 86
時間・一日 …………………………… 88
年月日・曜日 ………………………… 90
家族・友達・性格 …………………… 92
趣味・職業 …………………………… 94
自然・動植物とふれあおう …………… 96
訪問しよう …………………………… 98
疑問詞・助動詞・動詞 ……………… 100
反意語・感情表現 …………………… 102
[さあ、困った！ お助け会話]
体・体調 ……………………………… 104
病気・ケガ …………………………… 106
事故・トラブル ……………………… 108
column 旅行中に困らない、ハワイ流チップの渡し方 …… 110

日本の紹介

日本の地理 ……………………………112
日本の一年 ……………………………114
日本の文化 ……………………………116
日本の家族 ……………………………118
日本の料理 ……………………………120
日本の生活 ……………………………122
column いわばハワイの方言、
ビジン・イングリッシュとは？ ……124

知っておこう

ハワイまるわかり ……………………126
ハワイ英語が上達する文法講座 ……128
アメリカにまつわる雑学ガイド ……132
英語で手紙を書こう！ ………………135
50音順アメリカ（ハワイ）英語単語帳 …136

― お役立ち単語コラム ―
出入国編 ……………………… 137
電話・通信編 ………………… 139
両替編 ………………………… 141

★本書では＜＞でハワイ語（→ P134）を一部掲載していますが、ハワイ人家庭やフラなどで使う以外、一般の日常生活でハワイ語会話をすることはあまりありません。ですが、アロハやマハロなどのあいさつや、簡単なハワイ語単語は、英語と同様に使われることもあります。また、ハワイには独特の方言としてピジン・イングリッシュ（→ P124）もあります。

はじめよう

ハワイでは英語を話すのが日常だ。だけど、挨拶や感謝の言葉は、ハワイ語でチャレンジしてみては？ きっと、喜んでくれるはず。

アロハとマハロ

ハワイのホテルもお店も

アロハ～

アロハ～♡

アロハ～

アロハ～

…で店を出るときも

マハロ～

アロハ～

アロハはこんにちは

マハロはありがとだよ

つい

あこ：世界中を旅するきままな日本人女子。モデルはあなたかもしれません

モーニング・サービスはどこ？

他の国に比べると断然日本語の通じるハワイ

エ…エクスキューズ・ミー

ハイ、ナンデスカ？

日本語だ〜よかった

しかし、通じないものも…

モーニングサービスをやってるとこ知ってます？

ハイハイ コッチデス

よかった おなか ペコペコ♡

ココデース

げっ

モーニングサービスとは朝食セットのことではなく朝の礼拝のこと

さすがのハワイでも通じない和製英語は
トレーナー→スウェット
バイキング→ブッフェ
マンション→コンドミニアム
バイク→モーターサイクル
マック→マクダーナー

はじめよう／歩こう／食べよう／買おう／極めよう／伝えよう／日本の紹介

あいさつしよう

Let's say hello!
レッツ セイ ヘロゥ

こんにちは
Hello <Aloha>
ヘロゥ〈アロハ〉

こんにちは
Hi.
ハイ

おはよう	こんばんは	さようなら
Good morning.	**Good evening.**	**Good bye.**
グッド モーァニング	グッド イーヴニング	グッド バイ

おやすみなさい	ありがとう
Good night.	**Thank you** <Mahalo>
グッド ナイト	サンキュ〈マハロ〉

はじめまして	会えてうれしいです	また会いましょう
Nice to meet you.	**I'm glad to see you.**	**Let's meet again.**
ナイス トゥ ミーチュー	アイム グラド トゥ スィー ユ	レッツ ミート アゲイン

●ていねいなあいさつ

元気ですか?
How are you?
ハウ ァァ ユ

元気です。
あなたはいかがですか?
I'm quite well, thanks. And you?
アイム クワイト ウェゥ サンクス
アンド ユー↗

元気です。
ありがとう
I'm fine, thank you.
アイム ファイン サンキュ

★とてもかしこまった初対面のあいさつなら、How do you do? ハウ ドゥ ユー ドゥー

●気軽なあいさつ

> やあ！ 調子はどう？
> *Hey! How's it going?*
> ヘイ ハウズ イット ゴウイング

> まあまあかな
> *Okay.*
> オウケイ

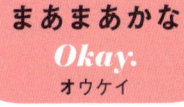

| 絶好調です
I'm awesome!
アイム オーサム | まあまあです
So-so.
ソウソウ | よくないです
Not so good (hot).
ナット ソウ グッド（ハット） |

| 悪くないよ
Not bad
ナッ バッド | 大丈夫？
Are you okay?
アァ ユ オウケイ↗ | よい一日を！
Have a nice day!
ハヴァ ナイス デイ！ |

| いいよ
Good
グッド | お大事に
Take Care.
テイク ケアァ | また後で
See you later. <A hui Hou>
スィー ユ レイタァ〈ア フイ ホウ〉 |

お世話になりました
Thanks for everything.
サンクス フォア エヴリスィング

よい思い出ができました
I had a lot of fun.
アイ ハド ア ラット アヴ ファン

○○さんによろしく
Say hello to ○○ for me.
セイ ヘロウ トゥ ○○ フォア ミ

ひとくちコラム
シャカ (shaka) は便利なサイン。ハローやサンキューなどロコの間では幅広く使われる気軽なハンドサインなので覚えておこう。

★ハワイの方言にあたるピジン・イングリッシュについては→P124

はじめよう｜歩こう｜食べよう｜買おう｜極めよう｜伝えよう｜日本の紹介

呼びかけよう

Let's talk!
レッツ トーク

あの〜、ちょっと（気軽）
Hey.
ヘイ

すみません（ていねい）
Excuse me.
イクスキューズ ミ

写真を撮ってもいいですか？
Can I take a picture?
キャナイ テイク ア ピクチャ♪

いいえ、ダメです
No.
ノウ

写真を撮ってもらえますか？
Would you take my picture?
ウジュ テイク マイ ピクチャ♪

はい、いいですよ
Sure.
シュアァ

○○さん（男性）
Mr.○○
ミスタァ ○○

○○さん（女性）
Mrs.○○
ミスィズ ○○

○○さん（若い未婚女性）
Miss○○
ミス ○○

他人（男性）や警官など
Sir.
サァ

他人（女性）や婦人警官など
Ma'am
マム

○○さん（年上未婚女性）
Ms.○○
ミズ ○○

○○先生（教授）
Prof. ○○
プロフェッサァ ○○

○○先生（医者）
Dr. ○○
ダクタァ ○○

警官
Officer
オフィサァ

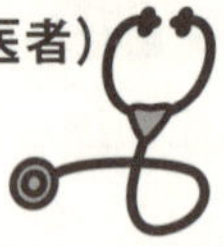

---

column 「ハワイでは○○ san が、丁寧語として浸透している」

ハワイでは、アメリカ本土同様、すでに顔見知りの人に声をかけるときは、ファースト・ネームを使うのが一般的。ある程度面識があるのに「Mr.○○」と言うと、かえって他人行儀に感じられる。日本では名前で呼ぶのは抵抗があるが、ハワイでは名前を使うのがごく自然。また、Mr. や Mrs. は姓にしか使われず、「ミスター・スコット」とは言わないので注意を。そういえば、ハワイでは日系人も多いため、「○○さん」という呼び方は案外通じる。が、ときどき「ミス・タナカさん」と、英語と日本語のダブル敬称を使ったりして、おかしい。

○ Mr. Tanaka
✗ Mr. Taro

★現地の人の写真を撮るときは、必ず了解を得てから。無断で撮るのはとても失礼

どうかしましたか？
What's wrong?
ウワッツ ロング

困っています
I have trouble.
アイ ハヴ トラヴゥ

ちょっと伺っていいですかか？
Can I ask you something?
キャナイ アスク ユ サムスィング♪

はい？
Pardon ?
パァドン♪

え、何ですか？
What did you say?
ウワット ディデュ セイ

もう少しゆっくり話してください
Can you speak a little slower?
キャン ユ スピーク ア リトゥ スロウアァ♪

わかりました
I understand.
アイ アンダァスタンド

わかりません
I don't understand.
アイ ドゥント アンダァスタンド

知っています
I know.
アイ ノウ

知りません
I don't know.
アイ ドゥント ノウ

結構です
No, thanks.
ノウ サンクス

そうです
That's right.
ザッツ ライト

違います
Wrong.
ロング

どうぞ
Please.
プリーズ

失礼します
Excuse me.
イクスキューズ ミ

ごめんなさい
I'm sorry. <kala mai>
アイム サリィ 〈カラ マイ〉

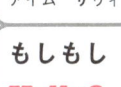

もしもし
Hello?
ヘロウ♪

使える！ワードバンク　あいづち編

日本語	英語	カナ
なるほど	I see.	アイ スィー
本当?!	Really?!	リアリィ♪
すごい	Wow!	ワウ
それで？	So?	ソウ♪
まさか！	No way!	ノウ ウェイ
同感です	I agree.	アイ アグリー
もちろんです	Of course.	オフ コーァス
かっこい〜い	Cool	クーゥ
たぶんね	probably	プロバブリィ
そうだといいね	I hope so.	アイ ホープ ソウ
そのとおり！	exactly!	イグザクトリィ

はじめよう／歩こう／食べよう／買おう／極めよう／伝えよう／日本の紹介

自己紹介しよう

Let's introduce ourselves!
レッツ イントロデュース アウァァセゥヴズ

はじめまして。私(の名前)はアヤノです
Hi. I'm Ayano.
ハイ アイム アヤノ

日本から来ました
I am from Japan.
アイ アム フラム ジャパン

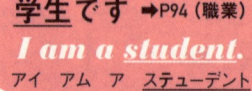

学生です ➡P94(職業)
I am a student.
アイ アム ア ステューデント

21歳です ➡P86(数字)
I am 21 years old.
アイ アム トゥウェンティワン イヤァズ オウゥド

2回目のハワイです
This is my second time here.
ズィス イズ マイ セカンド タイム ヒァァ

5日間滞在します ➡P91(年月日)
I am staying for five days.
アイ アム ステイング フォア ファイヴ デイズ

観光しに来ました
I am here to see the sights.
アイ アム ヒァァ トゥ スィー ザ サイツ

英語は難しいですね
English is really difficult.
イングリッシュ イズ リアリィ ディフィカゥト

| 会社員 **businessman** ビズィネスマン |
| 主婦 **housewife** ハウスワイフ |
| フリーター **Part-time worker** パァトタイム ワァーカァ |
| 初めて **first time** ファァスト タイム |
| 仕事する **work** ワァーク |
| 勉強する **study** スタディ |

| 買物する **shop** シャップ | 友達を作る **make friends** メイク フレンズ | 簡単な **easy** イーズィ |

★自己紹介をするときは笑顔をわすれずに。スマイゥ smile があるだけで、好印象になる

こんにちは。私はジョンです。ホノルルに住んでいます
Hi. I'm John. I live in Honolulu.
ハイ アイム ジャン アイ リヴ イン ホノルル

どこから来たのですか？
Where are you from?
ウェアァ アァ ユ フラム

あなたの職業は何ですか？
What do you do for a living?
ウワット ドゥ ユ ドゥー フォア ア リヴィング

何歳ですか？
How old are you?
ハウ オウゥド アァ ユ

ハワイは初めてですか？
Is this your first time in Hawaii?
イズ ズィス ユアァ ファーァスト タイム イン ハワイ♪

何日滞在しますか？
How long will you be here?
ハウ ロング ウィゥ ユ ビ ヒアァ

ハワイ旅行の目的は何ですか？
What is the purpose of your visit to Hawaii?
ウワット イズ ザ パァパス アヴ ユアァ ヴィズィット トゥ ハワイ♪

英語がとても上手ですね
Your English is very good.
ユアァ イングリッシュ イズ ヴェリィ グッド

あなたの連絡先を教えてください
Please give me your contact information.
プリーズ ギヴ ミ ユアァ カンタクト インフォァメイション

🌿 **ひとくちコラム**
ニックネームについて
長くハワイに住んでいる人は日本人でもジョンとかニックとかという外国語の名前を名乗っている人も多い。

はじめよう／歩こう／食べよう／買おう／極めよう／伝えよう／日本の紹介

11

ボディ・ランゲージで会話しよう

Let's use body language!
レッツ ユーズ ボディ ランゲージ

身振り&手振りで伝えてみよう

ボディ・ランゲージもコミュニケーションの大切な手段。言葉だけでは伝わりにくい気持ちをうまく伝えてくれることも。はじめはちょっと戸惑うかもしれないが、まずは相手のサインを読み取ることから始めて。使い慣れるととても便利。

電話して／する！
Call me!/I'll call you!
コーゥ ミ／アイゥ コーゥ ユ

親指と小指を伸ばして耳に近づけ、受話器を持って電話で話すポーズをする

こっちへ来て
Come here.
カム ヒァァ

手の平を上に向けて指を自分のほうに動かす。手の平を下に向けてこの仕草をすると「あっちへ行って」の意味になるので注意しよう

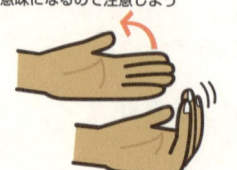

いいね！
Nice!
ナイス

親指を上に向け、笑顔とともに。「よくやった！」としてもよく使われる。「最高！」というときは両手で

ダメ！
No good.
ノウ グッド

口をへの字に曲げ、いやな表情をしながら、親指を下に向ける。ブーイングのときにもどうぞ

さあねぇ
I don't know.
アイ ドゥント ノウ

肩をすくめて両手を広げる。「仕方ない」の意味もある。軽く肩をすくめるだけでも OK

まあまあ
So-so.
ソウソウ

「調子はどう？」と聞かれ、良くも悪くもない場合に使う。手のひらを下にして、水平にひらひらさせる

お手上げだ！
I give up.
アイ ギヴ アップ

両手を高く上げて、投げ出すような仕種。万策つきたことを表す。笑顔ですると歓迎の意味に

お金／高い／けち
Money/Expensive./Miser
マニィ イクスペンスィヴ マイザァ

指先をこすり合せて、お札を勘定している仕草をする。転じて、値段が高い場合にも使う

幸運を
Good luck!
グッド ラック

人差し指と中指を重ね、相手のほうに向ける。これは十字架を表しており、「神様に祈ってるよ」の意味

★レストランなどで会計を頼む場合は、手のひらに字を書くジェスチャーをする

指で数えてみよう

日米で書き文字の数字の読み方が違うのは数字のページ（→P86）で紹介するが、指での数え方も異なる。日本が人差し指から順にして数えていくのに対して、ハワイでは親指から順番に数えていく。

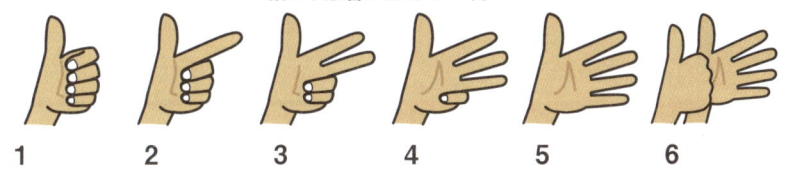

1　2　3　4　5　6

〔知っておきたいハワイのマナー〕

「郷に入っては郷に従え」ということわざにもあるように、旅行者とはいえ、訪れた国のルールに従うのは当然のこと。最低限のマナーを守って、楽しく旅行を続けたい。ここでは、代表的なマナーをいくつか紹介しよう。

握手をする
初対面の場合、まず握手を交わす。きちんと握り合い、2〜3回上下に振ったらすぐに手を引くのがマナー

レディ・ファースト
日本では、あまり馴染みがないが、欧米では当たり前のこと。男性は、常に女性を優先する意識をもとう

キス、ハグ
家族、恋人、友人など、親しい間柄の人たちのあいさつとして使われる。初対面ではあまり好まれない

アイコンタクト
相手の目をしっかりと見て話す。相手に対して敬意を表し、さらに自分自身を信用してもらうことにつながる

スマイル
微笑むことで、相手に肯定的な感情を持っていることを伝える。目が合ったら、あいさつを添えて軽く微笑もう

大きな声で話す
主張社会のアメリカでは、小さな声は、自信のなさの表れと解釈される。相手にはっきりと伝わる大きな声で話そう

レイを贈る
レイをあげる時は、必ず相手にレイをかけて、頬へ軽くキス。頬が当たるくらいでいいので緊張しないように

空きのサイン
トイレやバスルームのドアは、使い終わったら少し開けておき、次の人に空室であることを知らせるサインにする

トイレの順番待ちは1ヵ所で
日本では各扉の前で待つこともあるが、ハワイでは必ず1ヵ所で列をつくる。空いたら個室を順番に使う

歩こう

島を隅々までのんびり歩き、海沿いをドライブ…。さらに離島へ行きたいなら、コンドミニアムを借りて長期滞在するのがベスト。

リラックス

日頃、忙しく仕事をしているので、セカセカ歩くくせのついている私ですが…

だだだだ

ハワイについて

しゃしゃしゃ

2～3日たつと

てくてく

自分の歩き方がゆっくりになってきます

たーらたら

朝の散歩など、それこそ周りの景色を楽しみながら歩けるようになります

グレーだった自分の心がレインボーカラーになっていくよう…

とてもリラックスして、いい感じです…

アロ〜ハ

ハゥアーユー トゥディ？

スーパーなどのレジに長蛇の列ができます。

Casher

こののんびり感がハワイらしいといえばらしいのですが

アロハ〜

マイペース

ものすごく急いでいるときは、困ります

じた　ばた

島を巡ろう

Around the Islands!
アラウンド ズィ アイランズ

あなたの好きな場所を教えてください。
What is your favorite place?
ウワット イズ ユア フェイヴァリット プレイス

サンディ・ビーチです。
My favorite place is Sandy Beach.
マイ フェイヴァリット プレイス イズ サンディ ビーチ

---

❶ オアフ島

The Island of Oahu
ズィ アイランド アブ オアフ

3番目に大きな島。ホノルル国際空港があり、ハワイの政治・経済の中心。空港から車で約20分で世界のリゾート、ワイキキに到着。

❻ カウアイ島　Kauai
ニックネーム　Garden Island
（庭園の島）
面積　1,427平方km
人口　約62,000人
島の色　紫色
島の花　モキハナ

❶ オアフ島　Oahu
ニックネーム　Gathering Island
（集いの島）
面積　1,545平方km
人口　約907,600人
島の色　黄色
島の花　イリマ

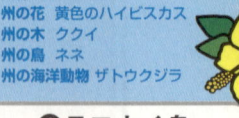

---

❷ ワイキキ（オアフ島）

Waikiki
ワイキキ

約2.5kmの美しいビーチに沿って、ホテルやコンドミニアム、ブランド店やみやげ店が立ち並ぶ。遊びも買い物もナイトライフも充実。

●ハワイの基礎知識
正式州名　ハワイ州 State of Hawaii
面積　16,634.5平方km
人口　約130万人
州都　ホノルル
州の花　黄色のハイビスカス
州の木　ククイ
州の鳥　ネネ
州の海洋動物　ザトウクジラ

---

❸ ダウンタウン（オアフ島）

Downtown
ダウンタウン

銀行や役所が集まる官庁街。また、カメハメハ大王像やイオラニ宮殿、アロハ・タワーやミッション・ハウス博物館など、史跡も多く点在。

❹ モロカイ島

The Island of Molokai
ズィ アイランド アブ モロカイ

島内には信号もマクドナルドもなく、のんびりした素朴さが島の魅力。唯一の町は、車で1分走れば過ぎてしまうカウナカカイ。

❺ ラナイ島

The Island of Lanai
ズィ アイランド アブ ラナイ

もとはパイナップル産業で賑わったが、農園が閉鎖された後、2つの超豪華ホテルが建造され、VIPがお忍びで訪れるリゾートに。

★ハワイ諸島は北の島から順に、太平洋上に生まれた。カウアイ島が最も古く、ハワイ島が一番若い島

❻カウアイ島
The Island of Kauai
ズィ　アイランド　アブ　カウアイ

地質学的に最も古い島で、それだけに緑や渓谷が深く、自然が美しい。雄大なワイメア渓谷やシダの洞窟が人気の観光スポットだ。

❼コロア(カウアイ島)
Koloa
コロア

1800年代に一帯は砂糖キビ農園で栄え、町の中心には砂糖精製工場の煙突がモニュメントとして残されている。みやげ店街もある。

❽ポイプ(カウアイ島)
Poipu
ポイプ

島の南海岸。晴天率が高く、美しい白砂ビーチで有名なリゾート。60年代から開発が進み、こぢんまりしたコンドミニアムも多い。

❹モロカイ島　Molokai
- ニックネーム　Friendly Island(友情の島)
- 面積　673平方km
- 人口　約7,800人
- 島の色　緑色
- 島の花　白いククイの花

❾マウイ島　Maui
- ニックネーム　Magic Island(魔法の島)
- 面積　1,888平方km
- 人口　約145,200人
- 島の色　ピンク色
- 島の花　ロケラニ

❺ラナイ島　Lanai
- ニックネーム　Silent Island(静寂の島)
- 面積　365平方km
- 人口　約3,200人
- 島の色　オレンジ色
- 島の花　カウナオア

⓭ハワイ島　Hawaii
- ニックネーム　Big Island(大きい島)
- 面積　10,433平方km
- 人口　約177,800人
- 島の色　赤色
- 島の花　オヒア・レフア

❾マウイ島
The Island of Maui
ズィ　アイランド　アブ　マウイ

オアフ島よりひと回り大きい島。島の中央に標高3055mのハレアカラがあり、西マウイには観光地のラハイナ、カアナパリがある。

❿ラハイナ(マウイ島)
Lahaina
ラハイナ

19世紀末、捕鯨基地として栄えた港町。遺跡史跡も多く、当時の面影が残る町並みには、今はみやげ店やギャラリーが軒を並べる観光地。

⓭ハワイ島
The Island of Hawaii
ズィ　アイランド　アブ　ハワイ

ハワイ6島で一番大きく、ビッグ・アイランドと呼ばれる。北西海岸沿いに並ぶ高級リゾートと、東南に位置するキラウエア火山が有名。

⓬ヒロ(ハワイ島)
Hilo
ヒロ

1日観光で多くの観光客が降り立つ。雨が多く蘭の栽培で知られる。日系人が多く住み、ダウンタウンには古き時代の街並みが残る。

⓫カアナパリ(マウイ島)
Kaanapali
カアナパリ

第2のワイキキと呼ばれるリゾート。高級ホテルやコンドミニアムが10数件、広々としたビーチ沿いに並ぶ。ゴルフコースも有名。

オアフ島を巡ろう

Around Oahu!
アラウンド オアフ

このバスは○○○に行きますか?
Does this bus go to ○○○?
ダズ ズィス バス ゴウ トゥ ○○○↗

→ **いいえ** *No, it doesn't.* ノゥ イッ ダズント
→ **はい** *Yes, it does.* イエス イッ ダズ

何番のバスに乗ればいいですか?
Which bus should I take?
ウイッチ バス シュド アイ テイク

→ **○番です** *Nunber ○.* ナンバー ○

❶ ノース・ショア ★
North Shore
ノース ショア

オアフ島の北海岸、冬には20mを超える大波が立つ。ハレイワというひなびたサーファーズ・タウンも、観光客に人気の町。

❷ ワイメア
Waimea
ワイメア

北海岸の大きな湾。夏の海は穏やかだが、冬は一転して巨大ウェーブが押し寄せる。サーファーが集まる大波ポイントのひとつ。

❸ パール・シティ
Pearl City
パーァゥ スィティ

ローカルにとって古くから賑わうベッドタウン。巨大なパールリッジ・センターは街の中心で、庶民の買い物スポット。

★ワイキキからノースショアまではザ・バスで約2時間。車内は冷房が強い。上着を忘れずに

❹ タンタラスの丘
Tantalus
タンタラス

コオラウ山脈の山ひだにある展望ポイントで、夜のホノルル観光に人気。アラモアナからワイキキにかけての夜景は宝石のようにきれい。

❺ ポリネシア・カルチャー・センター
Polynesian Cultural Center
ポリネィジアン カゥチュラゥ センタァ

タヒチやトンガ、ハワイなど、7つのポリネシアの村々を再現したテーマ・パーク。夜にはハワイ最大のポリネシアン・ショーが開催される。

❻ ハナウマ・ベイ
Hanauma Bay
ハナウマ ベイ

スノーケリングのベストスポットとして有名なサンゴ礁の入り江。透明度が高く、幾種類もの魚がたわむれ、自由に泳ぐ姿が見られる。

❼ アラモアナ
Ala Moana
アラモアナ

買物とグルメ、映画などの娯楽施設が集まったエンターテイメント地区。ハワイ最大規模のアラモアナ・センターは店舗300軒以上と驚き。

❽ パール・ハーバー
Pearl Harbor
パーァウ ハーバァ

真珠湾に浮かぶU.S.S.アリゾナ記念館、ボウフィン号博物館など戦争関連のスポットが多い。平和のために祈りを捧げたい場所だ。

❾ ダイヤモンド・ヘッド
Diamond Head
ダイアマンド ヘッド

ワイキキの風景に欠かせないダイヤモンド・ヘッド。最近は登って展望台からの景色を楽しむ人が急増。約40分の登山で頂上へ。

❿ カハラ
Kahala
カハラ

⓫ ハワイ・カイ
Hawaii Kai
ハワイ カイ

⓬ カイルア
Kailua
カイルア

オアフ島の主なみどころ

⓭ ワイキキ　**Waikiki**　ワイキキ
⓮ ホノルル国際空港　**Honolulu International Airport**
　ホノルル　インタァナショナゥ　エアポーアト
⓯ アロハ・タワー・マーケットプレイス　**Aloha Tower Marketplace**
　アロハ　タゥワー　マーケップレイス
⓰ ワード・センターズ　**Ward Centers**
　ワード　センタァズ
⓱ アロハ・スタジアム　**Aloha Stadium**　アロハ　スティディアム
⓲ U.S.S.アリゾナ記念館　**Uss Arizona Memorial**
　ユーエスエス　アリゾナ　メモリィアゥ
⓳ ハワイ大学　**University of Hawaii**
　ユニヴァースィティ　アブ　ハワイ
⓴ フォスター植物園　**Foster Botanical Garden**
　フォスタァ　ボタニカゥ　ガァデン
㉑ ビショップ・ミュージアム　**Bishop Museum**　ビショップ　ミューズィアム
㉒ ダウンタウン　**Downtown**　ダウンタウン

★いわゆるホノルルと呼ばれるエリアは空港、ダウンタウン、アラモアナ、ワイキキ、ダイヤモンド・ヘッドからハワイ・カイまでの南東部の広い範囲を指す

ダウンタウンを歩こう

Let's check out Downtown!
レッツ チェック アウト ダウンタウン

○○○○に行きたいのですが？
I would like to go to ○○○○.
アイ ウド ライク トゥ ゴウ トゥ ○○○○

真っすぐ行った右側です
Go straight and it is on the right.
ゴウ ストレイト アンド イッツ オン ザ ライト

歩いて行けますか？
Can I walk down there?
キャナイ ウォークダウン ゼア♪

タクシーを呼べますか？
Can I call a taxi?
キャナイ コーゥ ア タクスィ♪

❶チャイナタウン
Chinatown
チャイナタウン

1852年以降、ハワイへ移住してきた中国人たちが築いた町。今ではフィリピン系やベトナム系の人も多い。レイの店や安い中国料理店が並ぶ。

❷アロハ・タワー
Aloha Tower
アロハ タゥワァ

1926年に建造。当時はこれより高い建物はなく、長い間ホノルルのランドマークとして親しまれた。現在はショッピング・モールも併設。

❸ハワイ・マリタイム・センター
Hawaii Maritime Center
ハワイ マリタイム センター

ハワイの海の歴史をテーマにした海洋博物館。クック船長や捕鯨時代のハワイの様子がわかる展示品や、希少な鯨の骸骨など、展示物多数。

ホノルル港
Honolulu Harbor

アロハ・タワー・マーケットプレ
Aloha Tower Market Pl

★ダウンタウンのおもなみどころは、イオラニ宮殿周辺の官庁街、ビショップ通り中心のオフィス街、チャイナタウンの3つのエリアに多く点在している

（メモを見せて）この住所へ行ってください
To this place, please.
トゥ　ズィス　プレイス　プリーズ

急いでいます
I'm in a hurry.
アイム　イン　ア　ハリィ

ここでちょっと待っていてください
Would you wait for me here?
ウッジュ　ウェイト　フォァ　ミ　ヒア♪

ここで降ります
I'd like to get off here.
アイド　ライク　トゥ　ゲット　アフ　ヒア

どちらまで？
Where do you want to go?
ウエア　ドゥ　ユ　ワント　トゥ　ゴウ

遠いですか？
Is it far from here?
イズ　イット　ファーァ　フラム　ヒア♪

領収書をください
Can I have a receipt, please?
キャナイ　ハヴァ　リスィート　プリーズ♪

ワシントン・プレイス
Washington Place

ベレタニア通り
South Beretania Street

ハワイ州政府庁
Hawaii State Capitol

パンチボウル通り

リチャーズ通り

Mission Houses MUSEUM

South King Street
Sキング通り

カワイアハオ教会
Kawaiahao Church

クイーン通り
Queen Street

Richards Street

Punchbowl Street

アラモアナ大通り
Ala Moana Boulevard

---

❹イオラニ宮殿
Iolani Palace
イオラニ　パラス

ハワイ王朝7代、カラカウア王が1882年に完成させた。内部見学も可能で、当時の王朝の栄華が偲ばれる。イオラニは天の鷹という意味。

❺カメハメハ大王像
King Kamehameha Statue
キング　カメハメハ　スタチュー

それまで戦国時代だったハワイを1810年に統一。平和な王朝国家を築いたの王様。毎年、6月の生誕祝いには色とりどりのレイで飾られる。

❻ハワイ州立美術館
The State Art Museum
ザ　スティト　ファウンディション　オン　カゥチュア　アンド　ズィ　アーツ

ハワイで活動する300人近いアーティストたちの作品を集め、歴史的な建物に展示した美術館。

はじめよう｜歩こう｜食べよう｜買おう｜極めよう｜伝えよう｜日本の紹介

ワイキキ&アラモアナを歩こう

Let's check out Waikiki & Ala Moana!
レッツ チェック アウト ワイキキ アンド アラモアナ

ワイキキ行きのバスはどこから出ていますか?
Where is the bus stop for <u>Waikiki</u>?
ウエア イズ ザ バス スタップ フォア <u>ワイキキ</u>

1階の山側から出ています★
The bus stop is <u>Mauka side</u> on the street level.
ザ バス スタップ イズ <u>マウカ サイド</u> オン ザ ストリート レヴェゥ

❶ ワード・センターズ
Ward Centers
ワード センタァズ

映画館やブティック、ギフトショップ、カフェ、レストランなど多数入った複数のショッピング・モールが集まる。週末はローカルで賑わう。

❷ アラモアナ・ビーチ・パーク
Ala Moana Beach Park
アラモアナ ビーチ パァク

遠浅の海は穏やかで、週末にはローカルの家族連れがBBQピクニックに集う公園。芝の広場や海沿いのサイクリングコースもある。

❸ アラモアナ・センター
Ala Moana Center
アラモアナ センタァ

ハワイ最大規模。高級ブランド・ブティックからハワイのみやげショップ、デパート、レストランなど、店舗数は300以上。まさに買物天国。

ハワイ・コンベンション・センター
Hawaii Convention Center

フォート・デ・ル
Fort de Russ

アラワイ・ヨット・ハーバー
Ala Wai Yacht Harbor

アメリカ陸軍博物
U.S.Army Museu

アラモアナ大通り Ala Moana Boulevard

★ハワイ語で山側のことをMauka マウカ、海側のことをMakai マカイという。アラモアナ・センターなどで店を探すとき、「その店は2階のマウカ・サイドよ」と言われることも

トイレはどこですか？
Where is a toilet / lavatory?
ゥェアリズ ア トイリット／ラヴァトリ

（地図を見ながら）現在位置を示してください
Could you please point where we are now?
クッジュ プリーズ ポイント ゥェア ウイ ァァ ナゥ♪

❹ ワイキキ・ビーチ
Waikiki Beach
ワイキキ ビーチ

全長約2.5km、緩やかに弧を描く砂浜のビーチは、世界中からの観光客で賑わう。カタマランやサーフィンなどマリンスポーツも楽しめる。

❺ カピオラニ・パーク
Kapiolani Park
カピオラニ パァク

ダイヤモンド・ヘッドの麓に広がる広大な緑地公園。カピオラニはカラカウア王の妃の名。市営テニスコートや野外コンサート場もある。

📷 主なみどころ

❻ケワロ湾 **Kewalo Basin**
ケワロ ベイスン

❼マジック・アイランド **Magic Island**
マジック アイランド

❽アラワイ運河 **Ala Wai Canal**
アラワイ キャネゥ

❾アラワイ・ゴルフコース
Ala Wai Golf course
アラワイ ゴゥフ コース

❿デューク・カハナモク像
Duke Kahanamoku Statue
デューク カハナモク スタチュー

⓫ロイヤル・ハワイアン・センター
Royal Hawaiian Center
ロイヤゥ ハワイアン センタァ

⓬ホノルル動物園 **Honolulu Zoo**
ホノルル ズー

⓭クヒオ・ビーチ **Kuhio Beach**
クヒオ ビーチ

⓮ダイヤモンド・ヘッド **Diamond Head**
ダイアマンド ヘッド

アラワイ大通り
Ala Wai Boulevard
クヒオ通り Kuhio Avenue
カパフル通り Kapahulu Avenue
カラカウア通り
Kalakaua Avenue

キングス・ヴィレッジ
King's Village

セント・オーガスティン教会
St. Augustin Catholic Church

カピオラニ・ビーチ・パーク
Kapiolani Beach Park

はじめよう／歩こう／食べよう／買おう／極めよう／伝えよう／日本の紹介

23

隣島へ移動しよう

Let's go to the Neighbor Islands!
レッツ ゴウ トゥ ザ ネイバァー アイランズ

チェックインをお願いします
I'd like to check in.
アイド ライク トゥ チェック イン

パスポートと航空券を拝見します。お預かり荷物はありますか？
May I see your ticket and passport?
Are you checking any luggage?
メイ アイ スィー ユアァ ティケット アンド パスポァート♪　アァ ユ チェッキング エニィ ラギッジ♪

はい *Yes.* イェス

いいえ *No.* ノゥ

荷物が見つかりません
I can't find my baggage
アイ キャント ファインド マイ バギッジ

出発 departure ディパーアチャア	乗客 passenger パセンジャァ	チェックインカウンター check-in counter チェックイン カウンタァ	搭乗チケット boarding pass ボーディング パス
到着 arrival アライヴァゥ	手荷物受取所 baggage claim バギッジ クレイム	機内持ち込み手荷物 carry-on baggage キャリィオン バギッジ	両替所 currency exchange カレンスィ イクスチェインジ

★ハワイの隣島へのターミナルは国際線ターミナルから外に出て左側の建物

● 空港内表示板の見方（出発）

出発時刻
departure time
ディパァチャァ　タイム

搭乗ゲート
gate
ゲイト

備考
remarks
リマァークス

便名
flight number
フライト　ナンバァ

Flight Departures

AIRLINE	FLT.	DEPARTS	DESTINATION	GATE	REMARKS
ALOHA	063	10:00AM	LIHUE. KAUAI	55	BOARDING
ALOHA	208	10:00AM	KAHULUI. MAUI	53	BOARDING
ALOHA	216	10:05AM	KONA. HAWAII	51	DELAYED
ALOHA	246	10:15AM	HILO. HAWAII	50	ON TIME
ALOHA	220	10:25AM	KAHULUI. MAUI	52	ON TIME
ALOHA	072	11:00AM	KAHULUI. MAUI	53	BOARDING

航空会社
airline
エアライン

遅れている
delayed
ディレイド

時間通り
on time
オン　タイム

搭乗手続き中
boarding
ボーァディング

○○はどこですか？
Where is the ○○?
ウェァ　イズ　ザ　○○

ひとくちコラム
隣島間のフライト
ハワイ各島の移動は飛行機。以前は30分前のチェックインで間に合ったが、今はセキュリティチェックが厳しく、1時間前のチェックインが必要。

セキュリティチェック
security check
セキュリティ　チェック

国際線
international flight
インタァナショナゥ　フライト

国内線
inter island flight
インタァ　アイランド　フライト

案内所
information
インフォァメイション

レンタカー
car rental
カーァ　レンタゥ

タクシー乗り場
taxi stand
タクスィ　スタンド

市内を移動しよう

Let's travel around town!
レッツ トラヴェウ アラウンド タウン

ハワイには電車や地下鉄などは走っていない。オアフ島だけはバス路線が充実し、ホノルル市内ではワイキキ・トロリーも走っている。それ以外はタクシーが主要交通手段となる。

タクシーを呼んでください
Could you call me a taxi?
クジュ コーウ ミ ア タクスィ♪

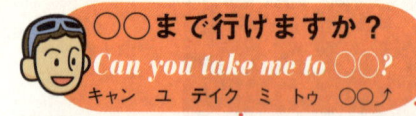

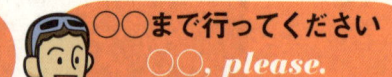

○○まで行けますか？
Can you take me to ○○?
キャン ユ テイク ミ トゥ ○○♪

○○まで行ってください
○○, please.
○○ プリーズ

はい、行けます
Sure.
シュアァ

少し遠いですが、いいですか？
It's a little far. Is that okay?
イッツ ア リトゥ ファーァ イズ ザット オウケイ♪

はい、行ってください
Let's go, then.
レッツ ゴウ ゼン

やめます
I'd better not.
アイド ベタァ ナット

ここで止めてください
Stop here, please.
スタップ ヒアァ プリーズ

ここで待っていてください
Would you wait for me here?
ウジュ ウェイト フォァ ミ ヒアァ♪

● タクシーの種類

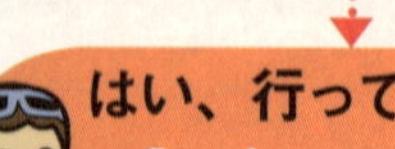

中型タクシー
sedan
スィダン

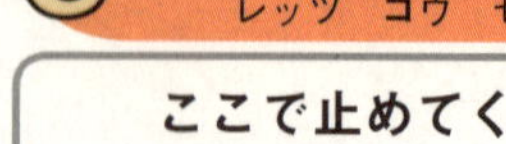

リムジン
limousine
リムズィン

使える！ワードバンク　タクシー編

日本語	英語	カナ
空車	empty taxi	エンプティ タクスィ
メーター	meter	ミータァ
おつり	change	チェインジ
領収証	receipt	リスィート
近道	shortcut	ショーァトカット
遠回り	long way	ロング ウェイ
割増料金	premium rate	プリーミアム レイト
深夜料金	night-time rate	ナイトタイム レイト
一方通行	one way	ワンウェイ
タクシー乗場	taxi stand	タクスィ スタンド
トランク	trunk	トゥランク
荷物	baggage	バギッジ

★ハワイのバス停には時刻表がないことも。また、おつりは出ないので、小銭の用意をしよう

このバスは○○に行きますか？
Is this bus for ○○?
イズ ズィス バス フォァ ○○?

はい、行きます
Yes, this is.
イエス ズィス イズ

いいえ、△番が○○に行きます
No, the number△ goes to ○○.
ノゥ ザ ナンバー △ ゴゥズ トゥ ○○

日本語	English	カナ
ワイキキ・トロリー	**Waikiki Trolley**	ワイキキトローリー
最終バス	**the last bus**	ザ ラスト バス
バス停	**bus stop**	バス スタップ
時刻表★	**timetable**	タイムテイブゥ
乗換え券	**transfer ticket**	トランスファー ティケット
ザ・バス	**The bus**	ザ バス
路線図★	**route map**	ルート マプ
4日券	**four-day pass**	フォーァデイ パス

○○行きのバス停はどこですか？
Where is the bus stop for ○○?
ウエァ イズ ザ バス スタップ フォァ ○○

月ごとのバス定期券	**bus pass**	バス パス

到着したら教えてください
Please let me know when we arrive.
プリーズ レット ミー ノウ ウエン ウィ アライヴ

終点	**final stop**	ファイナゥ スタップ

最終バスは何時ですか？
When does the last bus leave?
ウエン ダズ ザ ラスト バス リーヴ

乗り換えチケットをください
Transfer, please.
トランスファー プリーズ

使える！ワードバンク バス編

経由	**via**	ヴィア
乗換え	**transfer**	トランスファー
前方の席	**forward seat**	フォーァワァド スィート
後方の席	**rear seat**	リアァ スィート
直行	**non-stop**	ナンスタップ
行き先	**destination**	デスティネイション
運転手	**driver**	ドライヴァァ

★ザ・バスの時刻表と路線図は1つになっており、ルートごとに作られている

レンタカーで
ドライブしよう

Let's rent a car and drive!
レッツ　レント　ア　カーァ
アンド　ドライヴ

○人で使える おすすめの車はどれですか？
Which car do you recommend for ○ people?
ウイッチ　カーァ　ドゥ　ユ
レコメンド　フォァ　○　ピープゥ

小型
economy/compact
イカナミィ／コンパクト

中型
mid-size
ミッドサイズ

大型
truck/van
トラック／ヴァン

1日の料金はいくらですか？
What is the single-day rate?
ウワット　イズ　ザ　スィングゥデイ　レイト

その料金に保険は含まれますか？
Does that include insurance?
ダズ　ザット　インクルード　インシュアランス↗

何時までに車を返せばよいですか？
What time should we return the car?
ウワット　タイム　シュド　ウィ　リターァン　ザ　カーァ

○○で乗り捨てできますか？
Can we return the car in ○○?
キャン　ウィ　リターァン　ザ　カーァ　イン　○○↗

国際運転免許証
international driver's license
インタァナショナゥ　ドライヴァァズ　ライセンス

延滞料金
late fee
レイト　フィー

距離無制限
unlimited mileage
アンリミティド　マイリッジ

乗り捨て
drop off
ドラップ　アフ

---

column | ガソリンの入れ方

ハワイのガソリンスタンドは、自分で給油するセルフ・サービスのところが多い。車を給油機の前に停車し、ガソリンの種類を選ぶ。キャッシャァへ行き、現金で支払う場合は、「満タン」あるいは「15ドル分」などとスタッフに伝え、事前に料金を支払う。クレジットカードの場合は、店員にクレジットカードでの精算を告げる。車の給油口を開け、ガソリンのノズルを差し込み、本体の給油ボタンを押し、グリップを握ると、給油される。ガソリンが支払い済みの金額に達すると、自動的にストップする。お釣りがある場合は、ガソリンを入れたあとで受け取りに行けばOK。レンタカーのガソリンは無鉛（アンレッディド）を入れる。

Self Serve
Pay Cashier First
Mahalo

★ハワイ（アメリカ）はガロン表示。1ガロンは約4リットル（正確には3.785リットル）と覚えておこう

ガソリンの入れ方を教えてください
How do I use this gasoline pump?
ハウ ドゥ アイ ユーズ ディス ギャスリーン パンプ

このあたりにガソリンスタンドはありますか？
Is there a gas station around here?
イズ ゼアァ ア ギャス スティシャン アラウンド ヒァ♪

10ドル分、お願いします
Ten dollars worth of gas please.
テン ダラァズ ワース オヴ ギャス プリーズ

● 主な道路標識

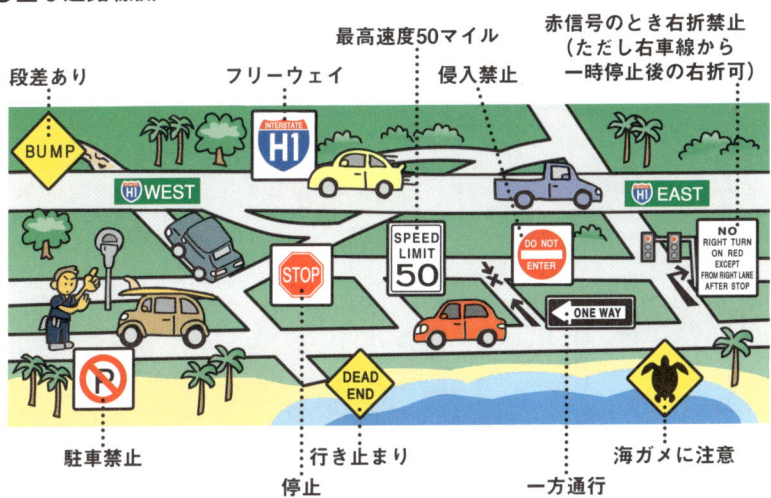

- 段差あり
- フリーウェイ
- 最高速度50マイル
- 侵入禁止
- 赤信号のとき右折禁止（ただし右車線から一時停止後の右折可）
- 駐車禁止
- 停止
- 行き止まり
- 一方通行
- 海ガメに注意

使える！ワードバンク　保険編

日本語	英語	カナ
保証金	deposit	ディパズィット
自動車損害賠償保険	LP	エゥピー
追加自動車損害賠償保険	SLI/EP	エスエゥアイ/イーピー
車両損害金支払免除制度 LDW/CDW		エゥディーダブリュ スィーディーダブリュ
搭乗損害保険	PAI	ピーエイアイ
携行品保険	PEC	ピーイースィー
緊急医療保険	ESP	イーエスピー

使える！ワードバンク　ガソリン編

日本語	英語	カナ
ガソリン	gasoline	ギャスリーン
無鉛	unleaded	アンレッディド
有鉛	leaded	レッディド
レギュラー	regular	レギュラァ
ハイオク	high octane	ハイ アクテイン
満タン	full tank	フゥ タンク
パンク	flat tire	フラット タイアァ
ガス欠	out of gas	アウト オヴ ギャス

★ハワイ（アメリカ）はマイル表示。1マイルは約1600メートルと覚えておこう

観光しよう

Let's see the sights!
レッツ スィー ザ サイツ

入場料はいくらですか？
How much is admission?
ハウ マッチ イズ アドミッション

→ **○○ドルです**
It's ○○ dollars.
イッツ ○○ ダラァズ

→ **無料です**
It's free.
イッツ フリー

○○割引はありますか？
Do you offer a ○○ discount?
ドゥ ユ オファァ ア ○○ ディスカウント⤴

日本語	English	カナ
シニア	senior's	シニャ
学生	student	ステューデント
子供	children's	チゥドレンズ
団体	group	グループ

フラッシュ禁止 — no flash photos — ノウ フラッシュ フォウトウズ

出口 — exit — エグズィット

オーディオガイド — audio guide — オーディオウ ガイド

撮影禁止 — photography prohibited — フォタグラフィ プロウヒビティド

常設展示 — standard exhibit — スタンダァド イグズィビット

カフェ — café — カフェイ

企画展示 — special exhibit — スペシャゥ イグズィビット

ツアーガイド — tour guide — トゥアァ ガイド

ツアー客 — tour group — トゥアァ グループ

無料パンフレットはありますか？
Do you have any free brochures?
ドゥ ユ ハヴ エニィ フリー ブロウシュァズ♪

○○の展示はどこですか？
Where is the ○○ exhibit?
ウェア イズ ザ ○○ イグズィビット

入口 **entrance** エントランス	
芸術作品 **work of art** ウォーク アヴ アート	

北 **north** <'ākau> ノーァス〈アーカウ〉
西 **west** <komohana> ウェスト〈コモハナ〉
東 **east** <hikina> イースト〈ヒキナ〉
南 **south** <hema> サウス〈ヘマ〉

上 **up** アップ	下 **down** ダウン
右 **right** ライト	左 **left** レフト

最初の **first** ファーァスト	次の **next** ネクスト	つきあたり **dead end** デッド エンド	最後の **last** ラスト
直進 **go straight** ゴウ ストレイト	曲がる **turn** ターァン	前 **front** フラント	後 **behind** ビハインド
遠い **far** ファーァ	近い **near** ニアァ	斜め前 **diagonally across** ダイアグナリィ アクロス	角 **corner** コーァナァ

写真を撮ってもいいですか？
Can I take a picture?
キャナイ テイク ア ピクチャァ♪

絵画（絵） **picture** ピクチャァ

閉館（開館）時間は何時ですか？
What time do you close (open)?
ウワット タイム ドゥ ユ クロウズ（オウプン）

ひとくちコラム
観光もマナーをもってどこの国でも同じだが、観光地では自分が日本人を代表している気持ちでいたい。マナーは守ろう。

はじめよう / 歩こう / 食べよう / 買おう / 極めよう / 伝えよう / 日本の紹介

泊まってみよう

Let's stay at a hotel!
レッツ ステイ アット ア ホウテゥ

予約した○○です
I have a reservation for ○○.
アイ ハヴ ア レザヴェイション フォア ○○

チェックインをお願いします
I'd like to check in please.
アイド ライク トゥ チェック イン プリーズ

泊まれる部屋はありますか？
Do you have any rooms available?
ドゥ ユ ハヴ エニィ ルームズ アヴェイラブゥ↗

満室です
We're booked solid.
ウィアァ ブックト サリッド

はい。どんなお部屋にしますか？
Yes, we do. What kind of room would you like?
イェス ウィ ドゥー ゥワット カインド アヴ ルーム ウジュ ライク

受付 **front** フラント	コンシェルジュ **concierge** コンスィエージュ	会計 **cashier** キャシァ
両替所 **money exchange** マニ イクスチェインジ	ベルボーイ **bellboy** ベゥボーイ	ドアマン **doorman** ドアマン
ロビー **lobby** ロビィ	ポーター **porter** ポォタァ	支配人 **manager** マニジャァ
エレベーター **elevator** エリヴェイタァ	階段 **stairs** ステアーズ	ベル・キャプテン **bell captain** ベゥ キャプテン

★ハワイのホテルは基本的にツイン（ダブル）ルーム。シングルは少ない

- ベランダ **veranda** <lanai> ヴェランダ＜ラナイ＞
- エアコン **air conditioner** エア カンディショナァ
- 電話 **telephone** テリフォウン
- ツインベッド **two beds** トゥー ベッズ
- キチネット **kitchenette** キチネット
- ジャクジー **jacuzzi suite** ジャクーズィ スイート
- オーシャンビュー **ocean view** オーシャン ヴュー
- ルームメイド **room maid** ルーム メイド
- リモコン **remote control** リモウト コントロウゥ
- 金庫 **safe** セイフ
- 冷蔵庫 **refrigerator** リフリジレイタァ

○○を持ってきてください
Please bring ○○.
プリーズ ブリング ○○

○○を取り替えてください
Please change my ○○.
プリーズ チェインジ マイ ○○

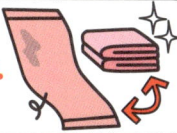

部屋にバッグを忘れました
I left the bag in my room.
アイ レフト ザ バッグ イン マイ ルーム

- 毛布 **blanket** ブランケット
- シーツ **sheets** シーツ
- 鍵 **key** キー

使える！ワードバンク　ホテル編

日本語	英語	カナ
チェックアウト	**check-out**	チェッカウト
モーニング・コール	**wakeup call**	ウェイカップ コーゥ
ドライヤー	**blow-dryer**	ブロウドライアァ
禁煙	**non-smoking**	ノンスモウキング
タオル	**towels**	タウェウズ
新聞	**newspaper**	ニューズペイパァ
有料映画	**pay-per-view**	ペイパァヴュー

ひとくちコラム
ハワイのホテル利用術
部屋のラナイ（ヴェランダ）を有効活用しよう。朝食や夕食をルームサービスでラナイにセットしてもらえば、贅沢なプライベート・レストランに。また、部屋のタオルやシーツの取替えは、以前は毎日だったが、最近は節水のために洗濯物を減らす工夫をしているホテルも多い。タオル掛けにかけたままにすると、「まだ使います」のサイン。交換してほしければ床に置いておくと、メイドサービスで取り替えてくれる。

★部屋番号「321」ならスリーツーワン。「3210」ならサーティトゥー・テンと、32と10の2桁ずつ言うとわかりやすい

コンドミニアムに泊まろう

Let's stay at a condominium!
レッツ ステイ アット ア カンドミニアム

ハウスキーピングはしてもらえますか？
Do you have maid service?
ドゥ ユ ハヴ メイド サァヴィス♪

はい、毎日します
Yes, we have daily maid service.
イエス、ウイ ハヴ デイリー メイド サァヴィス

○日に1回しますが、よろしいですか？
We'll provide housekeeping service once a every ○ days. Is that fine with you?
ウィウ プロヴァイド ハウスキーピング サービス ワンス ア エヴリィ ○ ディズ イズ ザット ファイン ウィズ ユー♪

- 冷蔵庫 **refrigerator** リフリジレイタァ
- コンロ **stove** ストーヴ
- トースター **toaster** トースター
- グリル **oven** オーヴン
- 生ゴミ粉砕機 **waste disposal** ウェイスト ディスポウザゥ
- 電子レンジ **microwave oven** マイクロウェイヴ オー
- 食卓 **dining table** ダイニング テイブゥ
- 食器洗い機 **dish washer** ディシュ ウォッ
- ソファベッド **sofa bed** ソファ ベッド
- 居間 **living room** リヴィング ルーム
- 寝室 **bed room** ベッド ルーム

34 ★日本では集合住宅を指してマンションと言うが、アメリカでマンション mansion は、大邸宅のこと。アパートメントより高級な集合住宅は、コンドミニアム condominium

日本語	English	カナ
○○の使い方を教えてください	Could you please tell me how to use ○○.	クッジュ プリーズ テゥ ミ ハウ トゥ ユーズ ○○
○○は貸してもらえますか？	Do you have ○○ that I could use.	ドゥ ユ ハヴ ○○ ザット アイ クッド ユーズ↗
ここに売店はありますか？	Is there a convenience store in this building?	イズ ゼアラ コンヴィニエンス ストァ イン ズィス ビゥディング↗
コインランドリー	coin operated laundry	コイン オペレィテッド ローンドリィ
BBQコンロ	barbecue	バーベキュー
フロントデスク	front desk	フラント デスク
乾燥機	dryer	ドライァァ
炊飯器	rice cooker	ライス クッカー
洗濯機	washing machine	ウォッシング マシーン
駐車（係の人がする）	valet parking	ヴァリィ パァキング
駐車（自分でする）	self parking	セゥフ パァキング
洗剤	detergent	ディタァジェント
調味料	seasoning	スィーズニング
ドライヤー	blow-dryer	ブロウドライァァ
セーフティボックス	in-room safe	インルーム セイフ
製氷機	ice machine	アイス マシーン
コーヒー・メーカー	coffee maker	カフィ メイカァ
テニスコート	tennise court	テニス コート
ロビー	lobby	ロビィ
スリッパ	slippers	スリッパァズ
プール	pool	プーウ
バスタブ	bathtub	バースタブ
非常口	emergency exit (door)	イマァジェンスィ エグズィト （ドア）

ひとくちコラム

ハワイのホテル事情

長期滞在者も多いハワイでは、キッチン付きの部屋が多い。ただし、ホテルの部屋に小さな簡易キッチン（kitchenette キチネット）が付いた場合と、日本でいうとマンションのようなコンドミニアムの大型キッチン（full kitchen フゥ キッチン）では設備に違いがある。キチネットなら電気コンロと電子レンジ、小型冷蔵庫。フルキッチンならオーブンや大型冷蔵庫、食器洗い機などが揃う。

食べよう

夕日を見ながら一流ディナー、水着を着たままプレートランチ…
あらゆるシーンを演出してくれるハワイアングルメを楽しもう!

大歓迎

レストランにて

にこにこ

なんだかアコだけモテてない?

え〜そんな〜

当然ですよ

そんなにおいしかった?

あら、女の人にも

背中に書いてあるもの

アコが着ていたのはサッカー小野選手の名入りシャツ。

「ONO」はハワイ語で「おいしい」という意味です。

ちっ、私がモテてたわけではないのね

2ジョブ

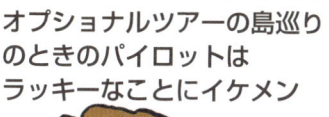

オプショナルツアーの島巡り
のときのパイロットは
ラッキーなことにイケメン

ど…どこか
おいしい
レストラン
知ってます？

○○□は
おいしいよっ

どうせなら、誘えば
いいのに〜

だって〜

もじ もじ

ま、いいか
おいしい店
教えてもらっ
たし

ところがそこへ行くと

やあ！
いらっしゃい

なんと、パイロット君が
ウェイター

ハワイの人は2ジョブが多い
んだそうです

この娘たちも
ツアーから来た
客ね…

はじめよう / 歩こう / 食べよう / 買おう / 極めよう / 伝えよう / 日本の紹介

レストランへ行こう

Let's go to the restaurant!
レッツ ゴウ トゥ ザ レストラン

2人ですが、空いていますか？
Can we have a table for two?
キャン ウィ ハヴ ア テイブゥ フォァ トゥー↗

はい
Yes.
イェス

いいえ
No.
ノウ

予約した○○です
I have a reservation for ○○.
アイ ハヴ ア レザァヴェイション フォァ ○○

では待ちます
We'll wait.
ウィゥ ウェイト

またにします
We'll come again.
ウィゥ カム アゲイン

メニューをください
Can I (Can we) have a menu?
キャナイ（キャン ウィ）ハヴ ア メニュ↗

子供用のメニュー
kid's menu <Keiki menu>
キッズ メニュ 〈ケイキ メニュ〉

ランチメニュー
lunch menu
ランチ メニュ

デザートメニュー
dessert menu
デザーァト メニュ

ワインリスト
wine list
ワイン リスト

おすすめ料理はどれですか？
What are the house specialties?
ウワット ァァ ザ ハウス スペシャゥティーズ

本日のおすすめ
today's specials
トゥデイズ スペシャゥズ

あれと同じものをください
I'll have the same dish as that.
アイゥ ハヴ ザ セイム ディッシュ アズ ザット

（メニューを指して）これをください
I'd like this, please.
アイド ライク ズィス プリーズ

ひとくちコラム
ハワイのレストラン豆知識
とくにワイキキのレストランは、海の眺めも味のうち。サンセットを眺めながら思い出のディナーを楽しみたければ、早めの予約が肝心。予約のとき「窓際の席はとれますか？ Can I have a table by the window? キャナイ ハヴ ア テイブゥ バイ ザ ウィンドゥ」と希望を伝える。ただし、確約はどの店も出さないので、あとは当日、早めに店へ行くように。また、ファストフード店でない限り、ディナーの予約は入れたほうがよい。

★ディナーはお洒落をしよう。レストランによってはドレスコードという服装の決まりがある。

●レストラン内で

ご注文はお決まりですか?
May I take your order?
メイ アイ テイク ユァ オーダァ♪

ちょっと待って下さい。迷っています
Please waite for a minuts. I'm still thinking.
プリーズ ウエイト フォア ミニッツ アイム スティゥ スィンキング

ナプキン
napkin
ナプキン

皿
plate
プレイト

ウェイトレス
waitress
ウェイトレス

ナイフ
knife
ナイフ

シェフ
chef
シェフ

ウェイター
waiter
ウェイタァ

スプーン
spoon
スプーン

カップ
cup
カップ

フォーク
fork
フォーァク

箸 (はし)
chopsticks
チョップ スティックス

○○をください	持ち帰り	取り皿
Can I have a ○○? キャナイ ハヴァ ○○♪	**to go** トゥ ゴー	**extra plate** エクストラ プレイト

料理がまだ来ません	おごり
We're still waiting for our food. ウィアァ スティゥ ウェイティング フォア アウァ フード	**treat** トリート

お勘定をお願いします	割り勘	勘定書
Check please. チェック プリーズ	**split the bill** スプリット ザ ビゥ	**bill** ビゥ

ジーパンやTシャツなど、あまりラフな格好は夕食には適さない

はじめよう / 歩こう / 食べよう / 買おう / 極めよう / 伝えよう / 日本の紹介

一流レストラン

Fine dining
ファイン ダイニング

メインディッシュは何にしますか？
What main dish would you like?
ウワット メイン ディシュ ウジュ ライク♪

○○をお願いします
I'll have a ○○, please.
アイゥ ハヴ ア ○○ プリーズ

コンチネンタル＆ステーキ
Continental & Steak コンチネンタゥ アンド ステイク

ステーキ＆シーフードはハワイでも人気の高いディナー・メニューだ

マウイ牛のニューヨーク・ステーキ
Maui beef New York steak
マウイ ビーフ ニューヨーク ステイク

アメリカ料理の定番ステーキ。ハワイならではの希少なアイランド・ビーフを使って

アヒ・カルパッチョ
ahi carpaccio
アヒ カルパチョ

洋の東西を問わず、素材に合った調理法で。ハワイの魚アヒ（マグロ）をイタリアン風に

プライム牛のフィレステーキ
prime beef fillet steak
プライム ビーフ フィリット ステイク

最高級のビーフを用いたフィレ・ミニョン。チコリを付け合せ、新鮮な味わいに仕上げて

カニとフィレステーキ
crab and fillet steak
クラブ アンド フィリット ステイク

ロブスターと並んで人気の素材カニ。フィレ・ステーキとのコンビネーションを楽しむ

ステーキ＆ロブスター
steak and lobster
ステイク アンド ラブスタァ

ハワイの思い出のディナーに人気ナンバー1のメニュー。高級素材を盛り合わせた贅沢な一皿

チキン・マリネ・ハワイ風
chiken marinade Hawaiian style
チキン マリネ ハワイアン スタイゥ

柔らかなチキンをハワイアン・テイストのソースにつけて焼き上げた、食べやすい料理

卵のアレルギーがあります
I'm allergic to eggs.
アイム アラージック トゥ エグズ

小皿をください
Could you bring an extra plate?
クッジュ ブリング ァネクストラ プレイト♪

🌴 **ひとくちコラム**
高級店でも1皿を二つに分けてもらえる
少しいろいろ食べたい、あるいはあまりお腹が空いていないという時は、「プリーズ・スプリット・ズィス・ディシュ」と言えば、split（分割する）してくれる。ほとんどの店はお金を取らないが、場合によっては少しだけ加算されることもあるが、1つの料理を2皿に盛ってくれる。

40 ★シェア shareは1皿をつつくこと、スプリット splitは2皿に分けること。カジュアルな店ならシェアでもいいが、高級店はスプリットで

ステーキの焼き加減は？
How do you like your steak?
ハウ ドゥ ユ ライク ユァ ステイク

よく（中くらい／生焼け）焼いてください
Well done (Medium / Rare), please.
ウェゥダン（ミーディアム／レアァ）、プリーズ

日本語のメニューはありますか？
Do you have a Japanese menu?
ドゥ ユ ハヴァ ジャパニーズ メニュ⤴

シェフの看板メニューはどれですか？
Which is the chef's special?
ウイッチ イズ ザ シェフズ スペシャル

ハワイ・リージャナル・クイジーヌ
Hawaii regional cuisine ハワイ リージャナゥ キュイジーン

パシフィック・リム・クイジーヌともいう。'90年代に生み出された

ブラッケン・アヒ
blackened ahi
ブラッケン アヒ

ハワイ・リージャナル料理の代表的メニュー。アヒ（マグロ）をあぶったタタキ風の前菜

バターフィッシュのみそ焼き
butter fish miso-yaki
バタァ フィッシュ ミソ ヤキ

みそ焼きは、ハワイでは市民権を得た料理法。脂ののった白身魚をみそづけにしてグリル

オノのグリル
grilled ono
グリゥド オノ

さっぱり味のオノ（サワラの一種）をグリルし、フルーティーなソースに合わせた料理

ファーマーズ・サラダ
firmers salad
ファーマーズ サラド

オーガニック野菜を作るハワイの農家から仕入れた野菜で作る、新鮮なサラダ

アヒのテンプラ
ahi tempra
アヒ テンプラ

テンプラもよくハワイで知られた料理法。リージャナル・クイジーヌ流の魚のテンプラ料理

アヒとたらばガニのロールフライ
roll fried ahi and taraba crab
ローゥ フライド アヒ アンド タラバ クラブ

アヒ（マグロ）とタラバガニを海苔で巻き、さっと揚げた前菜。クリーミィなピリ辛ソースで

使える！ワードバンク　レストラン編

日本語	English	カナ
オープンエアー	open-air	オープンネア
窓ぎわの席	table by the window	テイブゥ バイ ザ ウィンドゥ
角の席	corner table	コーナァ テイブゥ
テラス席	terrace seat	テラス スィート
ドレスコード	dress cord	ドレスコード
予約	reservation	リザヴェイシャン
お勘定	check	チェック
支配人	manager	マニジャァ
クローク	cloak	クロゥク
シーフード	seafood	スィーフード
郷土料理	local food	ローカゥ フード
テイスティング・メニュー★	tasting menu	ティスティング メニュ

★店によっては、テイスティング・メニューというシェフの看板メニューを少量ずつ味わえるお試しコースがある

各国料理を食べよう
Let's eat dishes from the world!
レッツ イート ディシィズ フロム ザ ワールド

おすすめ料理はどれですか？
What do you recommend?
ウワット ドゥ ユ レコメンド

○○をおすすめします
You should try the ○○.
ユ シュド トライ ザ ○○

中国・韓国・タイ・ベトナム
Chinese, Korean, Thai, Vietnamese
チャイニーズ, コリアン, タイ, ヴィェトナミーズ

各国からの移民が多いおかげで、ハワイでは本場のアジアン・フードが味わえる

飲茶 — dim sam
ディン サム

ハワイには中国料理店が多く、シーフード料理と飲茶が人気メニュー。しかも飲茶は手ごろな料金

フォー — pho
フォー

ベトナム風ラーメン。さっぱりした牛スープとつるつる麺、たっぷりの野菜を乗せてヘルシーに

ベトナム・フォンデュ — Vietnam fondue
ヴィエトナム フォンデュ

うま味がきいたピリ辛スープで食べるベトナムしゃぶしゃぶ。具はビーフやエビ、イカなど

イエロー・カレー — yellow curry
イエロゥ カリィ

タイ料理のイエロー・カレー。ココナッツ・ミルクと赤唐辛子の辛味が独特。辛さは調節可能

豆腐チゲ — soondubu (tofu soup)
スンドゥブ（トーフ スープ）

韓国料理の有名な庶民メニュー。豆腐と牛豚の合びき肉を辛味スープで煮込んだおいしい一品

くず冷麺 — black noodle in iced soup
ブラック ヌードゥ イン アイスド スープ

くずを原料にしたシコシコ麺と、シャーベット状の水キムチ風スープが絶妙に美味

カニの塩胡椒焼き — crab with salt & pepper
クラブ ウィズ ソゥト アンド ペパァ

新鮮なカニを、塩と胡椒だけでさっと炒め揚げる中国料理の人気メニュー。ロブスターのものもある

焼き肉 — barbecue
バーベキュウ

ボリュームたっぷりで豪快に食べる韓国焼き肉。何種類ものナムル、野菜、ご飯がついてくる

★その国のご主人が経営する東南アジアのレストランは、ご当地の味に限りなく近い。店ではお国言葉が飛び交って、「ここはどこ？」というほど

あまり辛くしないでください	辛くしてください
Can you make it mild?	**Can you make it hot?**
キャニュ メイク イッ マイゥド↗	キャニュ メイク イッ ハット↗

ふたり分に分けてください	この料理はシェアして食べます
Can you make it split?	**We would like to share this dish.**
キャニュ メイク イッ スプリット↗	ウィ ウッド ライク トゥ シェア ジィス ディシュ

フランス・イタリア・地中海
French, Italian, Mediterranean　フレンチ, イタリィアン, メディテレィニアン

フランスは比較的高級、イタリアンはカジュアルで地中海料理をカバーする

パエリア
paella　パエリャ

スペインの名物料理。ハワイでも、数少ないがパエリアを食べられる店がある。魚介たっぷり

エスカルゴ
escargot　エスカウゴ

フランス料理の前菜。少しカレー味を利かせて、ハワイの人の口に合う工夫がされている

リングイニ魚介入り
seafood linguine　スィーフード リングィーニ

やや柔らかめが主流なハワイのイタリアン・パスタ。トマトで仕上げてさっぱり味に

ハマグリのパスタ
clam pasta　クラム パスタ

「量も具もたっぷり」がハワイの料理の基本。ボンゴレ・ビアンコ風のハマグリのパスタ

オパカパカのグリル
grilled opakapaka　グリゥド オパカパカ

鯛の一種のオパカパカ。焼いてもグリルでもOK。写真はフランス料理でクリーミーな仕上がり

トマトとモッツァレラ・サラダ
tomato & mozzarella salad　トメイト アンド モッツァレラ サラダ

イタリア料理の有名な前菜。モッツァレラ・チーズと熟したトマトを一度に味わうおいしいサラダ

ひとくちコラム
ドギーバッグって何？
日本では残した料理を持って帰ることはほとんどしないが、ハワイでは超高級レストラン以外ではごく普通のこと。昔は「ドギーバッグ（犬用の入れ物）」と言っていたが、最近は、「入れ物をください プリーズ・ギヴ・ミー・コンティナー please give me container」でOK

使える！ワードバンク　各国料理編

ギリシア料理	**Greek food**	グリーク　フード
エジプト料理	**Egyptian food**	イジプシャン　フード
ブラジル料理	**Brazilian food**	ブラズィリアン　フード
フィリピン料理	**Philippin food**	フィリピン　フード
スイス料理	**Swiss food**	スゥイス　フード
カンボジア料理	**Cambodian food**	カンボディアン　フード
エスニック料理	**ethnic food**	エスニック　フード

★意外にも（？）、移民が多いハワイでは各国の料理が味わえる

デザート＆カクテル

Dessert & Cocktail
ディザァト アンド コクテイウ

デザートは何がありますか？
What do you have for dessert?
ウワット ドゥ ユ ハヴ フォア ディザァト

コーヒーをお願いします
Coffee, please.
カフィ プリーズ

デザート
Dessert ディザァト

マンゴやバナナ、リリコイなど、さっぱり味から甘いものまでハワイらしいフルーツを使った彩りのきれいなデザートが豊富

ホット・チョコレート・ケーキ
hot chocolate cake
ハット チョコレット ケイク

まわりがサクッと焼きあげられ、中は温かくとろみのあるチョコレート・ケーキ。甘さは控えめだ

マカロン・チョコとピスタチオのアイス重ね
chocolate and pistachio ice cream with macaron
チョコレット アンド ピスタチオ アイス クリムウィズ マカロン

フランス料理のシェフ・マブロのデザート。フランス菓子のマカロンとハワイの果物のアイス

リリコイ・シャーベット
lilikoi sherbet
リリコイ シャァベット

リリコイとはパッションフルーツのこと。甘酸っぱく、さっぱりしたデザート。ビタミンCも豊富で健康的

クレーム・ブリュレ
crème brûlée
クレーム ブリュレ

バニラの効いたクリームを焼いた、なめらかな食感。表面のカラメルがカリカリしているのが特徴

チョコレート・リリコイ
chocolate lilikoi
チョコレット リリコイ

リリコイ（パッションフルーツ）の酸味とチョコレートの甘さの組合せ。絶妙な味の軽いムース

バナナ・ハウピア
banana haupia
バナナ ハウピア

ハウピアはココナッツを使ったババロア風のお菓子。甘いバナナとの組合せもおいしい

使える！ワードバンク　デザート編

日本語	English	カナ
ハウピア・パイ	haupia pie	ハウピア パイ
アイスクリーム	ice cream	アイス クリーム
チーズケーキ	cheese cake	チーズケイク
レモン・メレンゲ・パイ	lemon meringue pie	レモン メラング パイ
サンデー	sundae	サンディ
プリン	pudding	プディング
ブラウニー	brownie	ブラウニィ
シナモンロール	cinnamon roll	スィナモン ローラ
ケーキ	cake	ケイク
クッキー	cookies	クッキィズ
マフィン	muffin	マフィン

★ハワイのデザート（特にアイスクリーム）は量が多い。日本サイズの2倍くらいはあるので、2人でひとつの注文でちょうどいいかもしれない

トロピカル・カクテル
Tropical Coktail トラピクゥ コクテイゥ

美しいサンセットタイムに欠かせないハワイのカクテル。店のオリジナルも多い。見た目はジュースのようでもアルコール度が強いものも

マイタイ★
mai tai
マイ タイ

ラムベースにオレンジキュラソーを加えた、やや強めのカクテル。マイタイはタヒチ語で楽園という意味

チチ
chichi
チチ

女性に人気のカクテル。ウォッカベースに、ココナッツミルクとパイナップルジュースを加えている

ピンクパレス
pink palace
ピンク パレス

ロイヤル・ハワイアン・ホテルのオリジナル。グランマニエをベースに数種のジュースをブレンド

ブルー・ハワイ
blue hawaii
ブルゥ ハワイ

ライトラムのさわやかな香りと、海のようなブルーキュラソーの青が美しい。ハワイらしいカクテル

マンゴティーニ
mangotini
メンゴティーニ

カクテルの定番ともいえるマティーニ。そのハワイバージョン。マンゴ好きには大好評のフルーティな飲み口

ラバ・フロウ
lava flow
ラヴァ フラウ

ハワイ島に流れる溶岩をイメージしている。イチゴとバナナ、ココナッツシロップが入った甘めの味わい

ロイヤル・パイナップル
royal pineapple
ロイヤゥ パイナップゥ

実をくり抜いた丸ごとのパイナップルをグラス代わりにした楽しい演出。パイナップル味のさわやかな味

ひとくちコラム
ハワイのコーヒー事情
10年前まで、ハワイにはカフェもエスプレッソもほとんどなかった。レストランのコーヒーは薄く、アイスコーヒーはホットコーヒーに氷を入れるという具合だった。が、今ではスターバックス全盛で、他店の味にも影響が。街の至るところで味わい深いコーヒーが飲めるようになった。

●オープンテラスのバー

- バーテンダー **bartender** バーテンダァ
- パラソル **umbrella** アンブレラ
- トロピカル・カクテル **tropical cocktail** トラピクゥ コクテイゥ
- ビール・サーバー **beer server** ビアァ サァヴァ
- ハネムーナー **honeymooner** ハニィムーナァ
- 観光客 **tourist** トゥアリスト
- テーブル席 **table seat** テイブゥ スィート
- カウンター **counter** カウンタァ
- ビール **beer** ビアァ
- ポテトチップ **potato chips** ポテイトゥ チップス
- フルーツ・ジュース **fruits juice** フルーツ ジュース
- トロピカル・ジュース **tropical juice** トラピクゥ ジュース

使える！ワードバンク　ドリンク編

マウイワイン	**maui wine**	マウイ ワイン
地ビール	**local beer**	ローカゥ ビアァ
生ビール	**draft beer**	ドラフト ビアァ
バドワイザー	**Budweiser**	バドワイザァ
トロピカルドリンク	**tropical drink**	トラピクゥ ドゥリンク
グァバジュース	**guava juice**	グアヴァ ジュース
マンゴージュース	**mango juice**	メンゴー ジュース
レモネード	**lemonade**	レマネイド

★「マイタイ」は、約60年前にロイヤル・ハワイアン・ホテルのバーテンダーが考案したと言われるハワイ名物のカクテル

プレート・ランチ & ローカル・フード

Plate lunch & local food
プレイト ランチ アンド ローカゥ フード

フライドポテトのミディアムを2つください
Can I have two medium french fries?
キャナイ ハヴ トゥー ミーディアム フレンチ フライズ↗

はい ラージ1つの方がお得ですよ
Sure. It's better to buy one large size.
シュアァ イッツ ベタァ トゥ バイ ワン ラァジ サイズ

プレート・ランチ
Plate lunch　プレイト ランチ

ランチといっても昼用だけではない。日本でいう、お弁当で、安くておいしい。種類はさまざまあるが、ローカルに人気のメニューをラインナップ

マヒマヒ・ソテー
mahimahi saute
マヒマヒ　サァテ

ハワイの大衆魚、白身魚マヒマヒ（シイラ）。ソテーやフライは、広く食べられているおかず

モチコ・チキン
mochiko chicken
モチコ　チキン

もち米を粉末にし、衣に混ぜ、カラリと揚げた一品。食感がいいハワイ・スタイルの鶏のから揚げ

ミックスプレート
mix plate
ミックス　プレイト

写真はスペアリブとチキンの組合せ。ほかにBBQビーフやマヒマヒ・ソテーなどのおかずが人気メニュー

ジップ・パック
zip pack
ズィップ　パック

人気ファミリーレストラン、ジッピーズのメニュー。牛照り焼、フライドチキン、魚フライがてんこ盛り

ロコモコ
locomoco
ロコモコ

いわばハンバーグ丼。ご飯にハンバーグ、目玉焼、グレイビーソースをかけて出来上がり

ロミロミトマト付きマヒマヒ
mahimahi with lomilomi tomato
マヒマヒ　ウィズ　ロミロミ　トメイト

ヘルシー＆グルメなプレートランチ店、カカアコ・キッチンのマヒマヒを使った一品

バーベキュー・プレート
BBQ plate
バーベキュウ　プレイト

ハワイに多い韓国焼き肉のセット。人気のおかずとして選ばれるのは、甘辛いタレにつけた焼き肉

ガーリック・チキン・プレート
galic chiken plate
ガーリック　チキン　プレイト

ガーリック味もハワイのローカル好み。ニンニクに漬け込んだチキンソテーのお弁当プレートだ

46　★ローカルは、マカロニ・サラダの付合せが好物。野菜がよければ、「グリーン・サラダ・プリーズ」とひと声を

○番のセットメニューをください
Can I have a number ○combo?
キャナイ ハヴ ア ナンバァ ○ コンボ↗

子供用セットはありますか？
Do you have a kids meal?
ドゥ ユ ハヴ ア キッズ ミーゥ↗

ローカル・フード
Local food ローカゥ フード

ポイ、ポキ、カルア・ピッグ、ロミロミ・サーモンは昔ながらのハワイ伝統料理。サイミンとオックステイル・スープは、庶民の味の代表料理だ

ポイ
poi
ポイ

タロ芋を叩いてつぶし、水を加えてペースト状にした食べ物。ハワイアンの主食でもある

カルア・ピッグ
kalua pig
カルア ピッグ

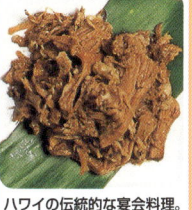

ハワイの伝統的な宴会料理。丸ごとの豚をバナナの葉で包み、土中のかまどに入れ、蒸し焼きにしたもの

ロミロミ・サーモン
lomilomi salmon
ロミロミ サァマン

生鮭とトマト、タマネギを角切りにし、ロミロミ（揉んで）して和えたサラダ感覚のハワイ料理

サイミン
saimin
サイミン

ラーメンとソバを足して2で割ったようなスープ麺。日系人が作ったもので、今や地元料理として定番

ポケ（ポキ）★
poke
ポケ（ポキ）

アヒ（写真上のマグロ）やタコ（写真下）を、ゴマ油と塩、ネギなどと和えた庶民派のつまみ

オックステイル・スープ
oxtail soup
オックステイゥ スープ

沖縄の移民がハワイに浸透させたローカル料理。たっぷりのパクチー（香草）を入れて食べる

使える！ワードバンク　レストラン編

日本語	英語	カタカナ
チキン・ロング・ライス	chiken long rice	チキン ロング ゥライス
チリ・ライス	chili rice	チリ ゥライス
ラウラウ	laulau	ラウラウ
コンビネーション・プレート	combination plate	カンビネイション プレイト
ハウピア	haupia	ハウピア
テイクアウト	take out / to go	テイク アウト／トゥゴウ
トレー置き場	tray return	トレイ リターン
ごみ箱	trash	トラシュ
24時間営業	open 24 hours	オゥプン トゥエンティフォー アゥァズ
セルフサービス	self-service	セゥフ サァヴィス
空席	vacant seat	ヴェイカント スィート
満席	full	フゥ

★Poke は、人によってポキ、またはポケと、地元の人でも発音が違っている

B級グルメを食べよう

Let's enjoy B-Gourmet!
レッツ エンジョイ ビーグゥメイ

ここで食べますか？それともお持ち帰り？
For here or to go?
フォア ヒアァ オァ トゥ ゴウ♪

ここで食べます
I'll eat here.
アイゥ イート ヒアァ

持って帰ります
To go (Take out) ,please.
トゥ ゴウ (テイク アウト) プリーズ

食事系
Meal ミーゥ

チャイニーズ系あり日本食系あり。安くておいしく、ボリュームもたっぷり！が、ローカル食のお約束。B級とはいえ、あなどれない味ばかり

オックステール・ラーメン
oxtail ramen
オックステイゥ ラーメン

沖縄から移った人々がハワイに根付かせたオックステール・スープが有名。そのラーメン版

マナプア
manapua
マナプア

チャーシューやチキンカレーの具をやや甘いパン生地で包んだ、ハワイ風中華まんじゅう

スパムむすび
spam musubi
スパム ムスビ

缶詰ハムの「スパムSPAM」をスライスし、箱型に握ったご飯の上に。ハワイ流おにぎり

カフクのエビ料理
kahuku prawn
カフク プロゥン

オアフ島のカフクで養殖されるエビ。現地ではスタンドで食べるエビが名物

ローストターキー・サンドイッチ
roast turky sandwich
ロウスト タァキィ サンドウィッチ

アメリカやハワイでは淡白で低カロリーなターキーがポピュラーで、ハムより主流

パンケーキ
pancake
パンケイク

朝食の人気メニュー。クリームや果物を乗せて。タロ芋を混ぜたタロ・パンケーキもある

中身は何ですか？
What is the inside of this dish?
ウワット イズ ズィ インサイド アヴ ズィス ディシュ

少量	大盛り
small portion	**big portion**
スモーゥ ポゥション	ビッグ ポゥション

あまい	からい
sweet	**hot / spicy**
スウィート	ハット ／ スパイシィ

★アメリカ本土ではB-gourmetという言葉は通用しない。ハワイでは人により通じることもあるが、一般的にB級グルメを指すのは、casual gourmetや、budget gourmetという言葉

スプーン(箸)はありますか？
Do you have a spoon (chopsticks)?
ドゥ ユ ハヴ ア スプーン (チョプスティックス)↗

どれくらい、もちますか？
How long will this last?
ハウ ロング ウィゥ ズィス ラスト

> 🌿 **ひとくちコラム**
> ハワイの代表スイーツB級グルメのおやつの中で、ポルトガル生まれのマラサダと、日本生まれのシェイブ・アイスは、ハワイを代表する人気スイーツ。どちらも、ハワイにやって来た移住者が店を出し、大ブレイクしたもので、今やいろいろな店で売られている。マラサダの元祖は、カパフル通りのレナーズ。

おやつ系
Dessert ディザァト

移住者たちが自国から持ってきて、ハワイで市民権を得たスイーツ。アメリカンな甘いケーキより、ずっとヘルシーでおいしいかも

マラサダ
marasada
マラサダ

もともとはポルトガル人家庭のおやつだった。今や、ハワイを代表するスナックに

シナボン
cinnabon
スィナボン

アメリカに本社があるシナモン・ロール店。とろりと甘いシナモンたっぷりで種類も豊富

シェイブ・アイス
shave Ice
シェイヴ アイス

ノースショアにあるマツモト店が元祖。日本のカキ氷がハワイに伝わった。色はレインボー

アズキ・ボウル
azuki bowl
アズキ ボウゥ

カパフル通りのワイオラ・シェイブ・アイス名物。あずきと白玉を乗せたミルクのカキ氷

ココ・パフ
coco puf
ココ パフ

ホノルルの有名店、リリハ・ベーカリーの超人気おやつ。チョコクリーム入りシュー

スムージー★
smoothie
スムーズィー

凍らせた果物にヨーグルトやシロップ、健康サプリなどを入れてミキサーにかけた飲み物

ドール・ホィップ
dole whip
ドーゥ ウィップ

観光パイナップル農園で作られる低カロリーのパイナップル・アイスクリーム

カスタードパイ
custard pie
カスタァド パイ

ローカルな人々が大好物にしているパイ。中国系や日系ベーカリーでよく売られている

★ハワイでスムージーが流行りだしたのは10年ほど前。smoothが語源で、本来smoothieは「お調子者」の意味。今ではドリンクのほうが一般的に

調理方法と味付け

Cooking and flavoring
クッキング アンド フレイヴァリング

焼き加減はいかがなさいますか?
How would you like that cooked?
ハウ ウジュ ライク ザット クックト

○○でお願いします
○○, please.
○○ プリーズ

日本語	English	カタカナ
レア	rare	レアァ
ミディアム	medium	ミーディアム
ウェルダン	well-done	ウェゥ ダン
炭火焼き	charbroiled	チャーァブロイゥド
あぶり焼き	broiled	ブロイゥド
網焼き	grilled	グリゥド
きつね色に焼いた	golden	ゴウゥデン
(オーブンで)焼いた	baked	ベイクト
直火焼きした	flamebroiled	フレイムブロイゥド
ゆでた	boiled	ボイゥド
揚げた	fried	フライド
蒸した	steamed	スティームド
煮込んだ	stewed	ステュード
グツグツ煮た	simmered	スィマァド
詰め物にした	stuffed	スタッフト
生の	raw	ロー
冷たくした	chilled	チゥド
凍らせた	frozen	フロウズン
溶かした	melted	メルティド
燻製にした	smoked	スモウクト
酢に漬けた	pickled	ピックゥド

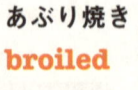

★多くのレストランには「サラダバー salad bar」(サラダバイキング)が設置されている

料理の味はどうですか？
Is everything OK?
イズ　エヴリスィング　オーケー↗

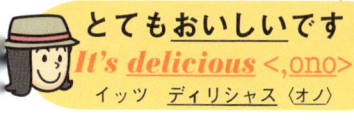

最高です！
Great!
グレイト

とてもおいしいです
It's delicious <,ono>
イッツ　ディリシャス〈オノ〉

あまり口に合いません
It doesn't suit me.
イット　ダズント　スート　ミ

甘い **sweet** スウィート	辛い **spicy hot** スパイスィ　ハット	しょっぱい **salty** ソゥティ
苦い **bitter** ビタァ	すっぱい **sour** サウアァ	硬い **hard** ハード

○○を取ってください
Please pass the ○○.
プリーズ　パス　ザ　○○

軟らかい
soft / tender
ソフト　テンダァァ

塩 **salt** ソゥト	砂糖 **sugar** シュガァ	コショウ **pepper** ペパァ
マヨネーズ **mayonnaise** メイアネイズ	マスタード **mustard** マスタァド	ケチャップ **catsup** ケチャップ
しょう油 **shoyu** ショーユ	ワサビ **wasabi** ワサビ	
酢 **vinegar** ヴィニガァ	バター **butter** バタァ	

使える！ワードバンク　ドレッシング編

牧場風★	ranch	ランチ
イタリア風	Italian	イタリアン
フレンチ	French	フレンチ
ブルーチーズ	bleu cheese	ブルー　チーズ
サウザンドアイランド	Thousand Island	サウザンド　アイランド
ハニー・マスタード	honey mustard	ハニィ　マスタァド
当店特製	house dressing	ハウス　ドレッシング

★牧場風ドレッシングとはマヨネーズを使ったドレッシングのこと。ハワイやアメリカ本土では定番

食材を選ぼう

Choosing ingredients
チューズィング イングリーディエンツ

魚介類
seafood スィーフード

サケ
salmon サモン

カニ
crab クラブ

カキ
oyster オイスタァ

ホタテ
scallop スカラップ

使える！ワードバンク 〈魚介と肉類編〉

ロブスター	**lobster**	ラブスタァ
イカ	**squid**	スクウィッド
車海老	**prawn**	プローン
アワビ	**abalone**	アバロウン
仔羊肉	**lamb**	ラム
カルビ	**shortrib**	ショーアトリブ
Tボーン	**T-bone**	ティーボウン

芝エビ
shrimp シュリンプ

肉
meat ミート

七面鳥
turkey ターァキィ

仔牛肉
veal ヴィーゥ

牛肉 beef ビーフ

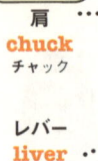

- 肩ロース **chuck eye roll** チャック アイ ロウ
- リブロース **rib eye roll** リブ アイ ロウ
- サーロイン **sirloin** サーァロイン
- 肩 **chuck** チャック
- ランプ **rump** ランプ
- レバー **liver** リヴァァ
- ヒレ **tenderloin** テンダァロイン
- 肩バラ **brisket** ブリスケット
- バラ **plate** プレイト
- 内モモ **top round** タップ ラウンド
- 外モモ・すね **outside round** アウトサイド ラウンド

豚肉 pork ポーク

- 肩ロース **boston butt** バストン バット
- ロース **loin** ロイン
- ヒレ **tenderloin** テンダァロイン
- 肩バラ **picnic shoulder** ピクニック ショウダァ
- バラ **belly** ベリィ
- モモ **ham** ハム

鶏肉 chicken チキン

- 手羽 **wing** ウィング
- もつ **giblets** ジブレット
- 胸肉 **breast** ブレスト
- モモ **leg** レッグ
- ささみ **white meat** ワイト ミート
- 卵 **egg** エッグ

★ハワイのスーパーで売られている生鮮食品はたいてい量が多め。日本のような小分けパックは珍しい

野菜 **vegetables** ヴェジタブゥズ	アボカド **avocado** アヴォカードゥ	キャベツ **cabbage** キャビッジ
キュウリ **cucumber** キューカンバァ	ナス **eggplant** エッグプラント	ピーマン **green pepper** グリーン　ペッパァ
レタス **lettuce** レタス	キノコ(マッシュルーム) **mushroom** マッシュルーム	カンタロープ★ **cantaloupe** カンタロゥプ
ジャガイモ **potato** ポテイトゥ	カボチャ **squash/pumpkin** スクワッシュ／パンプキン	大根 **radish** ラディッシュ
ホウレンソウ **spinach** スピナッチ	トマト **tomato** トメイトゥ	ズッキーニ **zucchini** ズキーニ
くだもの **fruit** フルート		
パイナップル **pineapple** パイナッポゥ		
パパイヤ **papaia** パパイア		
マンゴー **mango** メンゴ		

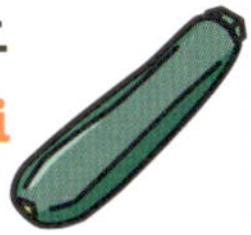

使える! ワードバンク　ハワイの食材編

オパカパカ　<opakapaka>　<オパカパカ>
ヒメダイ。高級なディナーの食材によく使われる

マヒマヒ　<mahimahi>　<マヒマヒ>
ハワイで一番ポピュラーな白身の大衆魚。シイラ

オノ　<ono>　<オノ>
カマスサワラ。ほどよく脂がのった白身魚

アヒ　<ahi>　<アヒ>
マグロ。サシミやたたき風にして、よく前菜に出される

カフク・プローン　**Kahuku prawn**　カフク・プローン
オアフ島カフクで養殖される淡水エビ。現地直売も有名

カムエラ・トマト　**Kamuela tomato**　カムエラ・トメイトゥ
ハワイ島の農作地帯ワイメアで採れる高級トマト

マウイ・オニオン　**Maui onion**　マウイ・アニャン
マウイ島の高原クラで栽培される高級タマネギ

ナロ・ベジタブル　**Nalo vegetable**　ナロ・ヴェジタブゥ
オアフ島ワイマナロのナロ農園の野菜。サラダに使われる

★カンタロープとはメロンの一種で、ハワイではよく売られているフルーツのこと

買おう

ファッション、雑貨、食材まで、とにかく"オリジナル"がおもしろいハワイ。ショッピング中はいつも目を光らせて品定めを！

ハワイでTシャツ

ハワイに行ったら**Tシャツ**買うぞ

と思っていたら

街中、Tシャツがあるので

あまりの多さに　どれを買っていいかわからなくなり　アレコレ迷って

結局、空港の売店で町なかの倍近い値段でよくあるTシャツを買うハメに

こ…これでいいや

我に返ったときに…

がくん

…

自分の好きなショップを見つけて買おうね♡

ショッピング天国

見て見て〜
私が見つけた
変なもの

スパムむすび器
とポテトチップス
入れ

ビーチサンダル
型ハエたたき

多分お皿しか
洗えないアイロ
ン型スポンジ
（洗剤入り）

そして、一番のお気に入りは
このフラダスター

えい

えい

ええい

ダスターの毛がとれて
ゴミがよけいに
散らかるの♡

アコ…海とか
プール、入った？

うんにゃ

何のために
ハワイに来た
のっっ？

買い物

それもまたよし？

買い物に行こう
Let's go to the stores!
レッツ ゴウ トゥ ザ ストーアズ

何かお探しですか？
Hi. Can I help you?
ハイ キャナイ ヘゥプ ユ

見ているだけです。ありがとう
I'm just looking. Thank you.
アイム ジャスト ルッキング サンキュ

試着したいのですが
Can I try this on?
キャナイ トライ ズィス オン

はい。○○を探しています
Yes. I'm looking for ○○.
イエス アイム ルッキング フォア ○○

これを見せてください
Could you show me this?
クジュ ショウ ミ ズィス

これはいりません。
I will not take this.
アイ ウィゥナット テイク ズィス

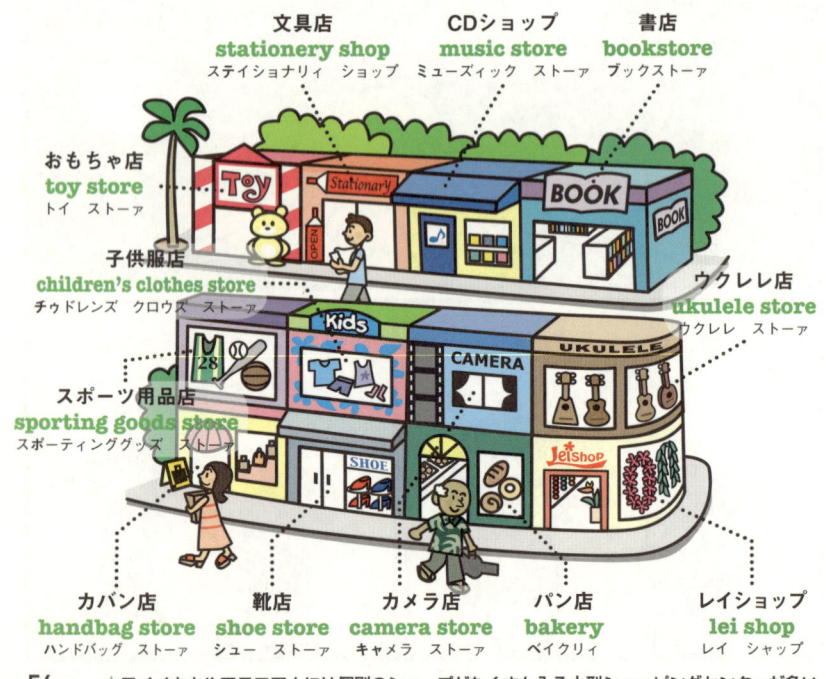

- 文具店 **stationery shop** ステイショナリィ ショップ
- CDショップ **music store** ミューズィック ストーア
- 書店 **bookstore** ブックストーア
- おもちゃ店 **toy store** トイ ストーア
- 子供服店 **children's clothes store** チゥドレンズ クロウズ ストーア
- ウクレレ店 **ukulele store** ウクレレ ストーア
- スポーツ用品店 **sporting goods store** スポーティンググッズ ストーア
- カバン店 **handbag store** ハンドバッグ ストーア
- 靴店 **shoe store** シュー ストーア
- カメラ店 **camera store** キャメラ ストーア
- パン店 **bakery** ベイクリィ
- レイショップ **lei shop** レイ シャップ

★ワイキキやアラモアナには個別のショップがたくさん入る大型ショッピングセンターが多い。

いくらですか？
How much is this?
ハウ マッチ イズ ズィス

これをください
I'd like to buy this.
アイド ライク トゥ バイ ズィス

このクレジットカードは使えますか？
Can I use this card?
キャナイ ユーズ ズィス カァド↗

少し考えさせてください
Let me think about it.
レット ミ スィンク アバウト イット

ほかのもの	ブティック	専門店
something else	**boutique**	**specialty store**
サムスィング エゥス	ブゥティーク	スペシャゥティ ストーァ

みやげ店	薬局	ジュエリー店
gift store	**pharmacy**	**jeweler's**
ギフト ストーァ	ファァマスィ	ジュウエラーズ

スーパーマーケット
super market
スーパァマーァケット

それにします
I'll take it.
アイゥ テイク イット

また来ます
I'll come back again.
アイゥ カム バック アゲイン

使える！ワードバンク 〈店の種類編〉

コンビニ	**convenience store**	カンヴィーニェンス ストーァ
家具店	**furniture store**	ファァニチャァ ストーァ
家電店	**electronics store**	イレクトロニックス ストーァ
酒店	**liquor store**	リカァ ストーァ
薬局	**pharmacy**	ファァマスィィ
郵便局	**post office**	ポウスト オフィス
銀行	**bank**	バンク
食器店	**tableware store**	テーブゥウェア ストーァ
食料品店	**grocery store**	グロウスリィ ストーァ
美容院	**hair salon**	ヘアァ サロン
生花店	**florist**	フローリスト

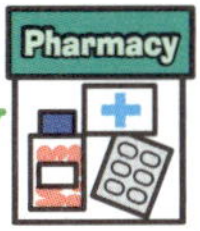

水着店
swim wear store
スウィム ウェア ストーァ

時間がない時や、まとめて買物をしたい時には足を運んでみよう

好きな色・柄・素材を探そう

Finding a favorite color/pattern/material
ファインディング ア フェイヴァリット カラァ パタァン マテリアゥ

○○色のものはありますか？
Do you have this in ○○?
ドゥ ユ ハヴ ズィス イン ○○ ↗

はい *Sure.* シュアァ

いいえ *No. Sorry.* ノウ サリィ

ほかの○○を見せてください
Can I see something in another ○○?
キャナイ スィー サムスィング イン アナザァ ○○ ↗

サイズ **size** サイズ	色 **color** カラァ	柄（模様） **pattern** パタァン	素材 **material** マテリアゥ
明るい色 **light color** ライト カラァ	暗い色 **dark color** ダァーク カラァ	派手な色 **flashy color** フラッシィ カラァ	パステルカラー **pastel color** パステゥ カラァ

赤 **red** レッド	白 **white** ワイト	黄色 **yellow** イェロウ	黒 **black** ブラック	グレー **gray** グレイ	オレンジ **orange** アリンジ

緑 **green** グリーン	茶 **brown** ブラウン	青 **blue** ブルー	ピンク **pink** ピンク	紫 **purple** パーァプゥ	水色 **aqua-blue** アクワブルー

これは何でできていますか?
What's this made from?
ウワッツ ズィス メイド フラム

→

アンゴラです
It's Angola wool.
イッツ アンゴウラ ウーゥ

カシミアでできたものはありませんか?
Do you have anything in Cashmere?
ドゥ ユ ハヴ エニスィング イン カシミアァ↑

綿 cotton — カトゥン

麻 linen — リネン

ナイロン nylon — ナイラン

絹 silk — スィク

ニット knit — ニット

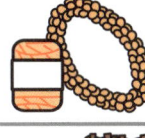

ウール wool — ウーゥ

ポリエステル polyester — パリエスタァ

牛革 leather — レザァ

羊革 sheepskin — シープスキン

ストライプの striped — ストライプト

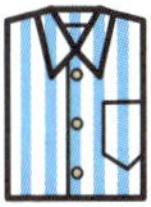

チェック柄の★ checkered — チェッカァド

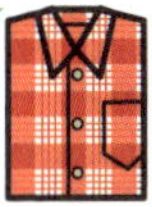

ハワイアン・プリントの Hawaiian printed — ハワイアン プリンテッド

花柄の flowered — フラウワァド

使える！ワードバンク 〈柄＆素材編〉

無地	solid	サリッド
ボーダー	border	ボーァダァ
アーガイル	argyle	アーァガイゥ
ペイズリー	paisley	ペイズリィ
千鳥格子	houndstooth	ハウンズトゥース
フリース地の	fleece	フリース
仔羊のなめし革	lambskin	ラムスキン

使える！ワードバンク 〈ブランド編〉

ティファニー	Tiffany	ティファニィ
ポロ・ラルフローレン	Polo Ralph Lauren	ポロ ラゥフ ローレン
カルバン・クライン	Calvin Klein	カゥヴァン クライン
レインズ	Reyn's	レインズ
コーチ	Coach	コウチ
バナナ・リパブリック	Banana Republic	バナナ リパブリック
ギャップ	Gap	ギャップ
ロコ・ブティック	Loco Boutique	ロコ ブティーク

★ギンガム・チェックのシャツは、昔、砂糖キビ畑の労働者が着たもので、パラカ palaka と呼ばれる

欲しいサイズ・アイテムを伝えよう

Let's find our style!
レッツ ファインド アウァァ スタイゥ

試着してみていいですか？
Can I try this on?
キャナイ トライ ズィス オン♪

はい。どうぞこちらへ
Sure. Right this way.
シュアァ ライト ズィス ウェイ

大きすぎます
It's too big.
イッツ トゥー ビッグ

ピッタリです
It fits perfectly.
イット フィッツ パーァフェクトリィ

もっと小さいのはありますか？
Do you have anything smaller?
ドゥ ユ ハヴ エニスィング スモーラァ♪

もっと派手な
flashier
フラッシャァ

もっと長い	もっと短い	もっとゆるい	もっときつい
longer	**shorter**	**looser**	**tighter**
ロンガァ	ショーァタァ	ルーサァ	タイタァ

スーツ
suit
スート

帽子
hat
ハット

アロハシャツ
aloha shirt
アロハ シャァト

ベスト
vest
ヴェスト

ジャンパー
zip-up jacket
ズィパプ ジャケッ

靴
shoes
シューズ

シャツ
shirt
シャァト

パンツ（ズボン）
pants
パンツ

ビーチサンダル
beach sandal
ビーチ サンダゥ

ショートパンツ
short pants
ショーァト パンツ

60 ★アメリカのメンズ商品の目安サイズは、靴8が日本の25.5cm、服15が日本の38にあたる

日本語	English	カタカナ
長袖の	long-sleeved	ロングスリーヴド
ムームー	muu muu	ムームー
半袖の	short-sleeved	ショーァトスリーヴド
水着	bathing suit	ベイズィング スュート
ノースリーブ	sleeveless	スリーヴレス
ポロシャツ	polo shirt	ポウロゥ シャァト
ブレザー	blazer	ブレイザァ
下着	underwear	アンダァウェアァ
ネクタイ	tie	タイ
靴下	socks	サックス

使える！ワードバンク　スタイル編

寸法	measure	メジァァ
襟なしの	collarless	カラレス
丸首	crew neck	クルー ネック
V ネック	v-neck	ヴィーネック
タートルネック	turtleneck	ターァトゥネック
リバーシブルの	reversible	リヴァーァスィブゥ
ボタン	button	バトゥン
ファスナー	fastener	ファスナァ
ポケット	pocket	パケット
フード	hood	フッド
ダブルの	double-breasted	ダブゥ ブレスティド
シングルの	single-breasted	スィングゥ ブレスティド

使える！ワードバンク　アイテム編

サングラス	sunglass	サングラス
スカーフ	shawl	ショーゥ
ストッキング	nylons	ナイランズ
傘	umbrella	アンブレラ
ベルト	belt	ベゥト
財布	wallet	ワレット
ハンカチ	handkerchief	ハンカァチフ

日本語	English	カタカナ
帽子	hat	ハット
ブラウス	blouse	ブラウス
カーディガン	cardigan	カーァディガン
トートバッグ	tote bag	トート バッグ
ワンピース	dress	ドレス
サンダル	sandal	サンダゥ
ショルダー・バッグ	shoulder bag	ショウゥダァ バッグ
ハイヒール	high heels	ハイ ヒーゥズ
ローファー	loafers	ロウファズ

★アメリカのレディス商品の目安サイズは、靴6が日本の23cm、服10が日本の9号サイズにあたる

ABCストアに行こう

Let's go to ABC Store!
レッツ ゴウ トゥ エイビーシー ストーァ

これを4つください
I'd like four the same as this.
アイド ライク フォーァ ザ セイム アズ ズィス

かしこまりました
Sure.
シュァァ

おみやげ用に袋を3枚ください。
Can you give me three extra bags for souvenir (gift)?
キャン ユ ギヴ ミ スリー エクストラ バッグス フォァ スーヴェニア（ギフト）↗

たばこ / cigarette / スィガレット

コナ・コーヒー / kona coffee / コナ カフィ

マカデミアナッツ / macadamia nuts / マカディミア ナッツ

マカデミアナッツ・チョコ / macadamia nuts chocolate / マカディミア ナッツ チョクレット

テレフォンカード / prepaid telephone card / プリペイド テリフォウン カァド

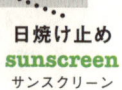

風邪薬 / cold medicine / コウゥド メドスィン

日焼け止め / sunscreen / サンスクリーン

日焼けクリーム / suntan lotion / サンタン ロウシャン

ハワイアン・ペンダント / hawaiian pendant / ハワイアン ペンダント

マグネット / magnet / マグネット

ゴザ / beach mat / ビーチ マット

ビーチサンダル / beach sandal / ビーチ サンダゥ

ROLLED $1.39
FOLDED $2.49

62 ★ABCストアでは、ハワイ限定バージョンにされた日本のお菓子やキャラクター商品が売られており、旅行者に人気がある

日本語版の新聞はありますか？
Do you have any Japanese newspapers?
ドゥ ユ ハヴ エニ ジャパニーズ ニューズペイパァズ↑

トイレはどこですか？	お釣りが違っています
Where is the restroom ?	**You gave me the wrong change.**
ウエァ イズ ザ レストルーム	ユ ゲイヴ ミ ザ ロング チェインジ

ひとくちコラム
高価なハワイ土産なら専門店でABCストアでは手ごろな値段のおみやげグッズが見つかるが、ウクレレ、コアの小物、ハワイアン・ジュエリーなどは専門店で買うのが一般的。

領収書
receipt
リスィート

営業時間
business hours
ビズニス アゥアズ

ミネラルウォーター
mineral water
ミネラゥ ワァラァ

- サンドイッチ **sandwich** サンドウィッチ
- ビール **beer** ビァ
- 口紅 **lipstick** リップスティック
- おにぎり **musubi** ムスビ
- 写真立て **photo stand** フォト スタンド

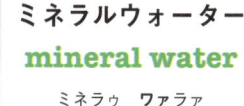

子供服
for children
フォァ チウドレン

虫よけ
insect repellent
インセクト リペラント

かゆみ止め
anti-itch cream
アンティイッチ クリーム

歯ブラシ
toothbrush
トゥースブラッシュ

- Tシャツ **T-shirt** ティーシャアト
- キャップ **cap** キャップ
- ビーチタオル **beach towel** ビーチ タウァゥ

ひとくちコラム
ワイキキの超便利コンビニ
ワイキキに30カ所以上、いたるところにあるABCストア。「旅行者が欲しい物が、何でもある」がポリシー。おみやげ品からビール、風邪薬まで。

スーパーへ行こう

Let's go to the supermarket!
レッツ ゴウ トゥ ザ スーパァマーアケット

くだもの売り場はどこですか？
Where is the _fruit_ section?
ウエアァ イズ ザ フルート セクション

これは何ですか？
What is this?
ウワット イズ ズィス

どのくらいもちますか？
How long will this last?
ハウ ロング ウィゥ ズィス ラスト

本日中です
Today only.
トゥデイ オウンリィ

2〜3日です
Two or three days.
トゥー オァ スリー デイズ

1週間です
One week.
ワン ウィーク

乳製品
dairy products
デイリィ プラダクツ

生鮮食品
fresh food
フレッシュ フード

値引き品
sale
セイゥ

スナック菓子
snacks
スナックス

調味料
seasonings
スィーズニングズ

生活用品
daily goods
デイリィ グッズ

冷凍食品
frozen foods
フロウズン フーズ

東洋食材
oriental foods
オリエンタゥ フーズ

1つ買うと2つめが半額
buy one get 50% off the next one
バイ ワン ゲット フィフティパーセント オフ ザ ネクスト ワン

64　★ワイキキのスーパーといえば、クヒオ通りのフードパントリー。アラモアナならドンキホーテ（旧

試食してもいいですか？
Can I try this?
キャナイ トライ ズィス↗

試食品
sample
サンプゥ

国産品	輸入品	店員	量り売り
domestic	**imported**	**store staff**	**bulk foods**
ドメスティック	インポーァティド	ストーァ スタッフ	バゥク フーズ

袋に入れてください
Please <u>bag</u> this for me.
プリーズ バッグ ズィス フォァ ミ

紙袋
paper bag
ペイパァ バッグ

有料です
It costs extra.
イット コスツ エクストラ

無料です
It's free.
イッツ フリー

ビニール袋
plastic bag
プラスティック バッグ

インスタント食品
instant foods
インスタント フーズ

○品目以下の商品購入レーン
express lane ○ items or less
エクスプレス レーン ○アイテム オァ レス

お釣り
change
チェインジ

缶詰
canned foods
キャンド フーズ

レシート
receipt
リスィート

🌱 ひとくちコラム
深夜にお酒は買えない
店によって多少違いはあるが、たいてい23時30分から翌日6時まで酒類は買えない。スーパーは深夜営業でも、酒類販売に時間制限があるのでご注意を。

レジ
register
レジスタァ

使える！ワードバンク　スナック菓子編

ポテトチップス	**potato chips**	ポテイトゥ チップス
キャンデー	**candy**	キャンディ
ガム	**gum**	ガム
チョコレート	**chocolate**	チョクレット
プレッツェル	**pretzels**	プレッツェゥズ
グミ	**gummi**	ガミィ
シェイブアイス	**shave ice**	シェイヴ アイス

1つ買うと1つ無料
buy one get one free
バイ ワン ゲット ワン フリー

カート
cart
カーァト

ダイエー) が有名

極めよう

マリンスポーツ、ハワイアンミュージック、フラ、クラフトなど、ハワイに来たなら旅行者だってチャレンジしなきゃ損、損！

クジラ

マウイ島はホエールウォッチングで有名

12〜4月にはザトウクジラが出産のために集まってきます

あっ 小さいのがいるっっ

やっぱ感動…　来てよかった

ねっ

ん…船酔いさえなければ

ハワイ通

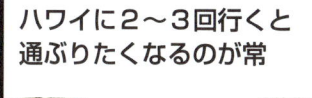

ハワイに2〜3回行くと通ぶりたくなるのが常

何でも聞いて

オレのシマって感じ

でも…

ウォルが面白いんだ

待合せするんだったらロイヤルね

ね？

それ、何？

ロコの友だち

な…なんでわかんないの？

？

？

日本の店？？

ウォルはウォルマート
ロイヤルはロイヤル・ハワイアン・ショッピング・センターのことらしい

でも誰もそんな省略言葉は使いません

マリンスポーツを楽しもう

Let's enjoy marine sports!
レッツ エンジョイ マリーン スポーツ

今日の波はどうですか？
How is the surf today?
ハウ イズ ザ サーフ トゥディ

けっこういいよ
(It's) pretty good.
(イッツ) プリティ グッド

風が強すぎるね
(It's) too windy.
(イッツ) トゥー ウィンディ

逆波が立ってるよ
(It's) choppy.
(イッツ) チョッピィ

(波が) 高くなる
(It's) picking up
(イッツ) ピッキンナップ

(波が) 低くなる
(It's) coming down
(イッツ) カミンダウン

サーフ・リポート★
surf report
サーフ リポート
8-10ft / 1-2ft

(波が) 高い
(It's) high.
(イッツ) ハイ

(波が) 低い
(It's) low.
(イッツ) ロウ

サーフィン／ボディボード
surfing / body board
サーフィン ／ ボディ ボァード

ボディボード
body board
ボディボァード

フィン
fin
フィン

ワックス
wax
ワックス

ショート・ボード
short board
ショーァトボード

リーシュ
leash
リーシュ

ロング・ボード
long board
ロングボァード

ボードセイリング
board sailing
ボードセイリング

マスト
mast
マスト

セイル
sail
セイゥ

ボード
board
ボード

★サーフ・リポートとは、地元紙『ホノルル・アドバタイザー　The Honolulu Advertiser』で得られる波情報のこと。毎日、波の高さをチェックできる

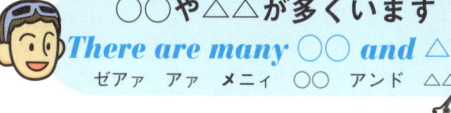

スキューバ・ダイビング／スノーケル
scuba diving / snorkel
スクーバ ダイヴィング／スノーケゥ

インストラクター instructor インストラクタァ

ウェイト・ベルト weight belt ウェイト ベゥト

BCジャケット BC Jacket ビースィー ジャケット

レギュレーター regulator レギュレイタァ

スノーケル snorkel スノーケゥ

マスク mask マスク

タンク tank タンク

ウェットスーツ wetsuit ウェットスーツ

透明度はどうでしたか？
How was the visibility?
ハウ ワズ ザ ヴィズィビリティ

クリアでした
It was clear.
イット ワズ クリアァ

どんな魚が見られますか？
What kind of fish can we see?
ウワット カインド オブ フィッシュ キャン ウィ スィ

濁っていました
It was muddy.
イット ワズ マディ

○○や△△が多くいます
There are many ○○ and △△.
ゼアァ アァ メニィ ○○ アンド △△

体験ダイビング
introductory diving
イントロダクトリィ ダイヴィング

キイロハギ	ミレットシード・バタフライフィッシュ	ヨスジフエダイ
yellow tang \<lau'ipali\>	**milletseed butterflyfish** \<lauwiliwili\>	**bluestripe snapper** \<ta'ape\>
ィエロウ タン〈ラウッイパリ〉	ミレットスィード バタフライフィッシュ〈ラウウィリウィリ〉	ブルーストライプ スナッパァ〈タッアペ〉

ビーチ・エントリー	ボート・ダイビング
beach entry	**boat diving**
ビーチ エントリィ	ボート ダイヴィング

ライセンス	オープン・ウォーター★
license	**open water**
ライセンス	オゥプン ワァータァ

使える！ワードバンク　オアフ島のサーフポイント編

サンセット・ビーチ **Sunset Beach** サンセット ビーチ
バンザイ・パイプライン **Banzai Pipeline** バンザイ パイプライン
マカハ・ビーチ **Makaha Beach** マカハ ビーチ
アラモアナ **Ala Moana** アラモアナ
サンディ・ビーチ **Sandy Beach** サンディ ビーチ

★オープン・ウォーターとは、ダイビング・ライセンスのビギナー・レベルのこと

ゴルフを楽しもう

Let's play golf!
レッツ プレイ ゴウフ

明日は何時にティータイムがとれますか?
What time can I make a reservation for tomorrow?
ウワッタイム キャナイ メイク ア リザヴェイション フォア トゥモロウ

8時30分と11時が空いています
Available time are eight thirty and eleven o'clock.
アヴェイラブゥ タイム アァ エイト サーティ アンド イレヴン アクラック

シューズを貸してください
I need rental shoes.
アイ ニード レンタゥ シューズ

11時にします
Eleven o'clock, please.
イレヴン アクラック プリーズ

一人いくらですか?
How much is it per person?
ハウ マッチ イズ イット パァ パァスン

そのほかに、いくらかかりますか?
Is there any extra charge?
イズ ゼアァ エニ エクストラ チャァジ♪

- ピン / **pin** / ピン
- グリーン / **green** / グリーン
- 貿易風 / **trade wind** / トレイド ウィンド
- ウォーター・ハザード / **water hazard** / ワァタァ ハザァド
- ゴルフバッグ / **golf bag** / ゴウフ バッグ
- クラブハウス / **club house** / クラブ ハウス
- カート / **cart** / カーァト
- ティ・グラウンド / **tee ground** / ティー グラウンド
- ゴルファー / **golfer** / ゴウファァ
- フェアウエー / **fairway** / フェアウェイ
- バンカー / **bunker** / バンカァ

★ハワイのゴルフはハーフ休憩なし。娯楽というよりスポーツ感覚で一気に回る。キャディもいない

ひとくちコラム
午後のスタートは安い
トワイライト料金は午後1時とか2時にスタートする（ゴルフ場により異なる）ディスカウント料金。日没で終了となるが、けっこう回ることができる。

初心者のレッスンはありますか？
Do you have a lesson for beginners?
ドゥ ユ ハヴ ア レッスン フォァ ビギナァズ♪

トワイライト料金は、何時からですか？
What time does twilight start?
ゥワッタイム ダズ トワィライト スタート♪

朝食を食べたいのですが、レストランは開いていますか？
Does the restaurant open for breakfast?
ダズ ザ レストラン オウプン フォァ ブレックファスト♪

タクシーを呼んでください **Please call taxi.** プリーズ コーゥ タクスィ	ビジター **visitor** ヴィズィタァ
プロ・ショップ **pro shop** プロゥ ショップ	コナ・ウィンド★ **kona wind** コナ ウィンド
	フラット **flat** フラット
スライス・ライン **slice line** スライス ライン	レッスン・プロ **lesson pro** レッスン プロゥ
シグネチャー・ホール **signature hall** シグナチャァ ホーゥ	ドライビング・レンジ **driving lange** ドライヴィング レンジ

ゴルフ手袋 **golf glove** ゴゥフ グローヴ	ショート・ホール **short hall** ショーァト ホーゥ
アップダウン **up and down** アッペンダウン	ロング・ホール **long hall** ロング ホーゥ

使える！ワードバンク　ゴルフ編

グリーンフィー	**green fee**	グリーン フィー
トワイライト	**twilight**	トワイライト
ヤーデージ	**yardage**	ヤーディジ
レーティング	**rating**	レイティング
レンタルクラブ	**rental clubs**	レンタゥ クラブズ
チャンピオンシップ・ティ	**championship tee**	チャンピオンシップ ティ

★コナ・ウィンドは、「ハワイ島コナから吹く風」という意味で、湿気を含んだ南風のこと

ハワイアン・エステ&スパできれいになろう

Let's go to a Hawaiian esthetic salon & spa for beauty treatment!
レッツ ゴウ トゥ ア ハワイアン エスティク サローン アンド スパァ フォア ビューティ トリートメント

○○の予約をお願いします
I'd like to make a reservation for ○○.
アイド ライク トゥ メイク ア レザヴェイション フォア ○○

何時をご希望ですか？
What time would you like to?
ワッタイム ウッジュ ライク トゥ

明日の4時から、2名でお願いします
Two people at four o'clock tomorrow afternoon.
トゥー ピープゥ アット フォーア アクラック トゥモロウ アフタヌーン

かしこまりました。お名前は？
Sure, what is your last name?
シュア ワッティズ ヨァ ラスト ネイム

あいにく予約が入っています。○○時はいかがですか？
I'm sorry, it's already booked. How about ○○ o'clock?
アイム サーリィ イツォールレディ ブックド ハウ アバウト ○○ アクラック

時間はどれくらいかかりますか？
How long does it take?
ハウ ロング ダズ イット テイク

何時に行けばいいですか？
What time should I be there?
ウワッタイム シュド アイ ビ ゼアァ

- 上 **top** タップ
- ここ *here* ヒアァ
- くすぐったい *tickle* ティックゥ
- 押して *push* プッシュ
- 痛い *sore* ソア
- 左 **left** レフト
- 右 **right** ライト
- 強く *stronger* ストロンガァ
- やめて！ *stop* スタップ
- 弱く *weaker* ウィーカァ
- 下 **down** ダウン
- もう一度（もっと） *more* モア

日本語	英語	カタカナ読み
○○はどういうトリートメントですか？	What kind of treatments is ○○?	ゥワッカインド アブ トリートメント イズ ○○
気持ちがいいです	It feels good.	イット フィーヅ グッド
強すぎます（弱すぎます）	It's too hard (soft).	イッツ トゥー ハード（ソフト）
肩が凝っています	I have stiff sholders (neck).	アイ ハヴ スティフ ショルダァズ（ネック）
皮膚が弱いのですが	I have sensitive skin.	アイ ハヴ センシィティブ スキン
肌が乾燥しています	I have dry skin.	アイ ハヴ ドライ スキン
アレルギーがあります	I have an allergy.	アイ ハヴ アン アラァジィ
美白	whitening / brightening	ゥワイトニング ブライトニング

日本語	英語	カタカナ
リフティング	lifting	リフティング
シワ	wrinkle	リンクゥ
フェイシャル	facial	フェイシャゥ
マッサージ	massage	マサージ
老化防止	anti-aging	アンタイエイジング
ニキビ	blemish	ブレミッシュ
マニキュア★	manicure	マニキュア
ネイルアート	nail art	ネイル アート
ホットストーン・マッサージ（ポハク）	hot stone massage <pohaku>	ハットストーン マサージ 〈ポハク〉
ポリッシュ★	polish	パリッシュ
スパ	spa	スパァ
サウナ	sauna	サウナ
ボディラップ	body wrap	バディ ゥラップ
アロマセラピィ	aromatherapy	アロウマテラピィ
ロミロミ	<lomilomi>	〈ロミロミ〉

ひとくちコラム

ロミロミは癒しのマッサージ
ロミロミは、ハワイに昔から伝わるマッサージ法。手の平やひじ、腕全体を使い、強弱あるマッサージでおもに身体の血行を促すもの。リラクセーション目的とされているのが一般的。地元の有名ロミロミ・マッサージ師は、ハワイの大地に宿るマナ（神の力）を手に通し、病気をも治すという。ハワイのエステやスパでは、この伝統的なロミロミが大人気。ぜひ本場で試してみたいボディ・トリートメントだ。ちなみにロミロミとはハワイ語で「もむ」という意味。また、温めた石を使ってマッサージするポハクも、ハワイ独特のものだ。

★マニキュアは英語では「手指の爪のお手入れ」という意味。日本でいうマニキュアはポリッシュ

ハワイアン・ミュージックを聴こう

Let's listen to Hawaiian music!
レッツ リスン トゥ ハワイアン ミューズィック

好きなミュージシャンは誰ですか？
Who is your favorite musician?
フー イズ ユアァ フェイヴァリット ミューズィシャン

私は○○のファンです
I'm a fan of ○○.
アイムァ ファン アヴ ○○

○○はハワイでも人気です。コンサートに行きませんか？
○○ is popular in Hawaii too. Would you go to the concert with me?
○○ イズ ポピュラァ イン ハワイ トゥー。ウジュ ゴゥ トゥ ザ コンサァート ウィズ ミ

イズラエル・カアノイ・カマカヴィヴォオレ	エイミー・ハナイアリイ・ギリオム	ジェイク・シマブクロ
Israel Ka'ano'i Kamakawiwo'ole	**Amy Hanaiali'i Gilliom**	**Jake Shimabukuro**
イズラエゥ カアノイ カマカヴィヴォオレ	エイミー ハナイアリイ ギリオム	ジェイク シマブクロ

ナー・パラパライ	ブラザーズ・カジメロ	ケアリイ・レイシェル
Nā Palapalai	**Brothers Cazimero**	**Keali'i Reichel**
ナー パラパライ	ブラザーズ カズィメロ	ケアリイ ライシェル

トラディショナル・ハワイアン	コンテンポラリー・ハワイアン
traditional Hawaiian	**contemporary Hawaiian**
トラディショナゥ ハワイアン	コンテンポラリィ ハワイアン

ジャワイアン	フラ音楽
jawaiian	**hula music** ＜mele hula＞
ジャワイアン	フラ ミューズィック 〈メレ フラ〉

ひとくちコラム

ハワイアン音楽の種類
ワイキキのホテルのバーなどでよく演奏されているのは、トラディショナル・ハワイアン。1960年代に流行ったスチール・ギター演奏やファルセット（裏声）の歌声が特徴的だ。地元ラジオ局でよく聞かれるのは、ケアリイ・レイシェルやナー・パラパライなど若手が歌うコンテンポラリー・ハワイアン。また1990年代に流行ったレゲエとハワイアンのコラボレーションはジャワイアンと呼ばれる。

★ハワイのグラミー賞は、毎年5月のナー・ホク・ハノハノ・アワード Nā holu hanohano Award

日本語	English	カタカナ
照明	lighting	ライティング
舞台	stage	ステイジ
アンコール	an encore <hana hou>	アンコール〈ハナホウ〉
芝生	lawn	ローウン
チケット売り場	box office	ボックス オフィス
サイン	autograph	オートグラフ
歌う	sing	スィング
演奏者	musician	ミューズィシャン
リクエスト	request	リクエスト
客席	seats	スィーツ
拍手	applause	アプローズ
カバー・チャージ	cover charge	カヴァ チャァジ

○○のCDを探しています

I'm looking for ○○'s CD.
アイム ルッキング フォァ ○○ズ スィーディー

スチール・ギター
steel guitar
スティーウ ギター

スラック・キー・ギター
slack key guitar
スラッキー ギター

ウクレレ
ukulele
ウクレレ

使える！ワードバンク 〈チケット編〉

自由席	non-reserved seat	ノン リザァヴド スィート
当日券	same-day ticket	セイムデイ ティキット
前売券	advance ticket	アドヴァンス ティキット
売り切れ	sold out	ソウゥド アウト
開場	doors open	ドアァズ オゥプン
開演	performance begins	パワーマンス ビギンズ
昼の部	matinee	マティネィ
夜の部	evening performance	イヴニング パワーマンス

使える！ワードバンク 〈人気アーティスト編〉

ホオケナ	Ho'okena	ホオケナ
ハパ	Hapa	ハパ
ギャビー・パヒヌイ	Gabby Pahinui	ギャビー・パヒヌイ
ジェノア・ケアヴェ	Genoa Keawe	ジェノア・ケアヴェ
マカハ・サンズ	Makaha Sons	マカハ サンズ
ライアテア・ヘルム	Raiatea Helm	ライアテアヘルム

★ワイキキで有名なフラのショーは、毎夕に行われるクヒオ・ビーチ・トーチライティング＆フラショー（無料）

フラを見よう

Let's watch hula!
レッツ ワッチ フラ

今日か明日、どこかでフラショーがありませんか？
Is there any hula show today or tomorrow?
イズ ゼアァ エニ フラ ショウ トゥデイ オァ トゥモロウ ♪

ありません / *No.* / ノウ

あります / *Yes.* / イェス

当日券はありますか？
Do you have any tickets for today?
ドゥ ユ ハヴ エニ ティキッツ フォァ トゥディ ♪

だれ（どのハーラウ）★が踊りますか？
Who (Which halau<hālau>) will perform?
フー（ウイッチ ハーラウ） ウィゥ パフォーム

フラを習えるところはありませんか？
Is there any place where I can learn hula?
イズ ゼアァ エニ プレイス ウエア アイ キャン ラァーン フラ ♪

●フラ楽器（道具）

ウリウリ <'ulī'ulī> 〈ウリーッウリー〉
小型ヒョウタンに木の実が入った楽器。ダンサーが鳴らしながら踊る

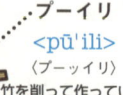

プーニウ <pūniu> 〈プーニウ〉
ココナッツ皮の土台に牛革が張られた小さな太鼓。膝上に付けて叩く

イプ <ipu> 〈イプ〉
イプヘケ同様にヒョウタンでできている。手で叩いて音を出す

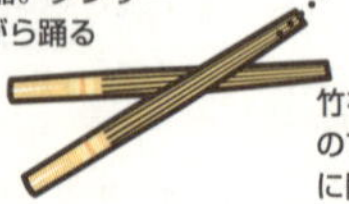

プーイリ <pū'ili> 〈プーッイリ〉
竹を削って作っているので、音もしなるように聞こえる

カラアウ <kā lā'au> 〈カー ラーッアウ〉
ドラムスティックのように叩き合わせて音を出す

イリイリ <'ili'ili> 〈イリッイリ〉
手に持って打ち鳴らす小石のこと。カチカチと、カスタネットの役割

パフ <pahu> 〈パフ〉
神聖な儀式で使われることが多い打楽器

イプヘケ <ipu heke> 〈イプヘケ〉
ヒョウタン製。叩いてチャントの拍子をとる

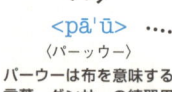

パウ <pā'ū> 〈パーッウー〉
パーウーは布を意味する言葉。ダンサーの練習用スカートのことも指す

★ハーラウとは学校、グループという意味。一般にはフラ・スクールのこと

●古典フラ(カヒコ衣装の男性) <hula kahiko>★

リーフ・レイ
leaf lei
リーフ レイ

レイ・ポオ
<lei poʻo>
〈レイ　ポッオ〉

レイ・クーペエ
<lei kūpeʻe>
〈レイ　クーペッエ〉

レイ・アイ
<lei ʻāʻī>
〈レイ　アーッイー〉

マロ
<malo>
〈マロ〉

ティ・リーフ・スカート
<pāʻu lāʻī>
〈パーッウ　ラーッイー〉

●モダンフラ(アウアナ衣装の女性) <hula auana>★

フラワー・レイ
flower lei
フラゥワァ レイ

ホロクー
<holokū>
〈ホロクー〉

ベティ・ムウ
<betty muʻu>
〈ベティ　ムウ〉

ホロムウ
<holo muʻu>
〈ホロムウ〉

日本でフラを習っています
I'm learning hula in Japan.
アイム　ラーニング　フラ　イン　ジャパン

どのくらい？
For how many years?
フォァ　ハウ　メニィ　イヤァズ♪

フラの本が買いたいのですが
I want to buy a hula book.
アイ　ワント　トゥ　バイ　ア　フラ　ブック

1年です
For one year.
フォァ　ワン　イヤァ

ビデオ	CD
video tape	**CD**
ヴィディオゥ ティプ	スィーディー

衣装	楽器
costume	**instrument**
カスチューム	インストゥルメント

使える！ワードバンク　見る場所編

ホノルル・シアター　**Honolulu Theatre**　ホノルル スィアタァ
ワイキキ・シェル　**Waikiki Shell**　ワイキキ シェゥ
ホテルのプールサイド・バー
poolside bar at hotel
プーゥサイド バァ アット ホテゥ
ホテルでのルアウショー
luau show at hotel
ルアウ ショウ アット ホテゥ

★フラ・カヒコは古代からの宗教的で神聖なフラ。フラ・アウアナは欧米の音楽を取入れた新しい形式のフラ

スワップミートを楽しもう
Let's enjoy Swap Meet.
レッツ エンジョイ スワップ ミート

まけてくれませんか？
Could you give me a little discount?
クッジュ ギヴ ミ ァ リトゥ ディスカウント♪

じゃ、○ドルでどう？
How about ○ dollars ?
ハウ アバウト ○ ダラァズ

それじゃ、2つください
OK, I'll take this two.
オウケイ アイゥ テイク ズィス トゥー

うーん、やめておきます
Well, I don't think I'll buy this.
ウェゥ アイ ドゥント ティンク アイゥ バイ ズィス

駐車場
parking
パーキング

ゲート
gate
ゲイト

買う人
buyer
バイヤー

テント
tent
テント

売る人
seller
セラー

ガラクタ
(不要品)
white elephant
ホワイト エレファント

掘り出し物
find
ファインド

小売業者
retail dealer
リテイゥ ディーラァ

区画番号
stall number
ストーゥ ナンバァ

ダンボール箱
carton
カートゥン

78 ★スワップミートへ出かけるときはできるだけ早めに。地元の人は掘り出し物を探し出すために

飲み物はどこで売ってますか?
where can I buy a drink?
ウエアァ キャナイ バイ ア ドリンク

これは中古品ですか?
Is this secondhand?
イズ ズィス セカンドハンド↗

Tシャツ3枚10ドル
three T-shirts for ten dollars
スリー ティーシャァト フォア テン ダラァズ

手を洗いたいのですが
I'd like to wash my hands.
アイド ライク トゥ ウォッシュ マイ ハンズ

取れたて野菜(果物)
vegetable (fruit) from the farm
ヴェジタブゥ (フルート) フラム ザ ファーム

水着
bathing suit
ベイズィング スゥート

車のシートカバー
car seat cover
カー スィート カヴァ

手作りバナナケーキ
home made banana cake
ホゥムメイド バナナ ケィク

アクセサリー
accessories
アクセサリィズ

旅行バッグ
overnight bag / suitcase
オォヴァナイト バッグ / スゥートケイス

キーホルダー
key holder
キィ ホールダァ

植木
plants
プランツ

運動靴
sports shoes
スポーツ シューズ

ビーチタオル
beach towel
ビーチ タゥェゥ

アロハシャツ
aloha shirt
アロハ シャァト

ステッカー
sticker
スティッカァ

おもちゃ
toy
トイ

ピンバッチ
pin badge
ピン バッジ

帽子
hat
ハット

古着
used clothes
ユーズド クロゥズ

骨董品
antique
アンティーク

🌺 ひとくちコラム
ハワイのスワップ・ミート
ワイキキから車で西へ約20分、アロハ・スタジアムはフットボール・ゲームや有名ミュージシャンのコンサートが行われるスタジアムだ。そこで、毎週、水・土・日曜に早朝から午後3時くらいまで開かれるのが、スワップミートと呼ばれる青空市場。個人の出店から業者による販売まで、品数は豊富。しかも値段が街の価格よりお買い得なので、みやげ探しに足を延ばす観光客も多い。

8時ごろから買い物を始める

クラフトを習おう

Let's learn Hawaiian crafts!
レッツ ラーァン ハワイアン クラフツ

私は○○を習いたいです
I want to learn ○○.
アイ ワント トゥ ラーァン ○○

ここで習えますよ
You can learn it here.
ユ キャン ラーァン イット ヒアァ

講習料はいくらですか？
How much is the workshop fee?
ハウ マッチ イズ ザ ワァクショップ フィー

○○の教室はありません
We don't have the ○○ workshop.
ウィ ドゥント ハヴ ザ ○○ ワァクショップ

リボン・レイ **ribbon lei** リボン レイ	リボン **ribbon** リボン	毛糸 **yarn** ヤーァン

ハワイアン・キルト **hawaiian quilt**<kapa kuiki> ハワイアン キゥト〈カパ クイキ〉	糸 **thread**<lopi> スレッド〈ロピ〉

針 **needle**<kui> ニードゥ〈クイ〉	フープ **hoop**<apo> フープ〈アポ〉	布 **cloth**<kapa> クロス〈カパ〉	型紙 **pattern** パターァン

ラウハラ織り **lauhala weaving** ラウハラ ウィーヴィング	ハラの葉 <lau hala> 〈ラウハラ〉	霧吹き **spray** スプレィ

フェザー・レイ **feather lei** フェザー レイ	羽根 **feather**<hulu> フェザー〈フル〉	握りばさみ **clipper** クリッパー

ウィリ・ポエポエ★ <wili poepoe> 〈ウィリ ポエポエ〉	レイ・カーモエ★ <lei kāmoe> 〈レイ カーモエ〉	フム・パパ★ <humu papa> 〈フム パパ〉

★ウィリ・ポエポエは羽根を仰向けにした伝統的スタイル、レイ・カーモエは羽根を寝かせて作るモダン・スタイル、フム・パパはフェルトに羽根を縫いつけたハットバンドのこと

材料を買いたいのですが
I want to buy underlined{materials}.
アイ ワント トゥ バイ マテリアゥズ

講習料に含まれています
It's included from workshop fee.
イッツ インクゥーデッド フラム ワゥクショップ フィー

何時間くらいかかりますか？
How many hours does it take?
ハウ メニィ アゥワァズ ダズ イット テイク

ここはどうやるのですか？
Please tell me how to do this.
プリーズ テゥ ミ ハウ トゥ ドゥ ズィス

楽しいです
It's fun.
イッツ ファン

難しいです
It's hard.
イッツ ハァド

やりかたが分かりません
I don't know how to do this.
アイ ドン ノウ ハウ トゥ ドゥ ズィス

先生
teacher
ティーチャァ

材料
material
マテリアゥ

生徒
student
ステューデント

花
flower<pua>
フラゥワァ〈プア〉

プルメリア
plumeria
プルメリア

ティ・リーフ
ti leaf
ティ リーフ

葉
leaf<lāʻī>
リーフ〈ラーッイー〉

フラワー・レイ
flower lei
フラゥワァ レイ

オーキッド
orchid
オーキッド

● レイの主な作り方

レイ・クイ <lei kui>	レイ・ハク <lei haku>	レイ・ウィリ <lei wili>	レイ・ヒリ <lei hili>
〈レイ クイ〉	〈レイ ハク〉	〈レイ ウィリ〉	〈レイ ヒリ〉
糸で花をつなげる	葉や花を編みこむ	植物をヒモで縛る	植物だけを編む

★レイの作り方は、レイ・メーカー（作る人）によって手法が多少違うこともある

はじめよう / 歩こう / 食べよう / 買おう / 極めよう / 伝えよう / 日本の紹介

イベント・祝祭日・季節

Events/holidays/Seasons
イヴェンツ　ハリデイズ　スィーズンズ

あけましておめでとう
Happy New Year!
<Hau'oli makahiki hou!>
ハピィ ニュー イヤァ 〈ハウッオリ マカヒキ ホウ〉

祝祭日
holiday
ハリデイ

元旦（1月1日）
New Year's Day
ニュー　イヤァズ　デイ

キング牧師の誕生日
（1月第3月曜日）
Martin Luther King's Birthday
マーァティン　ルーサァ　キングズ　バーァスデイ

ワシントン大行進や非暴力公民権運動で有名なキング牧師を追悼する日。1964年のノーベル平和賞受賞者でもある。

大統領の日
（2月第3月曜日）
President's Day
プレズィデンツ　デイ

アメリカの全大統領をたたえる祝日。オアフ島では、2月中旬にグレート・アロハ・ランという恒例市民マラソンを開催。アロハ・タワーからアロハ・スタジアムまで、約13kmのコースを約2万人近いランナーが参加。

クリスマス（12月25日）
Christmas<Kalikimaka>
クリスマス 〈カリキマカ〉

キリスト誕生を祝う日。ハワイで初めて祝われたのは1778年とか。「メレ・カリキマカ（メリー・クリスマス）」と言って12月中、盛大に祝う。ダウンタウンの夜景が風物詩。

1月
January<Ianuali>
ジャニュアリィ 〈イアヌアリ〉

2月
February<Pepeluali>
フェブラリィ 〈ペペルアリ〉

12月
December<Kēkēmapa>
ディセンバァ 〈ケーケーマパ〉

冬
winter<ho'oilo>
ウィンタァ 〈ホッオイロ〉

感謝祭（11月第4木曜日）
Thanksgiving
サンクスギヴィング

アメリカ建国の礎を築いたのは、英国からメイフラワー号で渡ってきた清教徒たち。彼らの最初の収穫を祝う祭りが現代にも。クリスマスと同様に大切にしている祝日で、家族が集い、七面鳥を食べる。

11月
November<Nowemapa>
ノウヴェンバァ 〈ノウェマパ〉

秋
fall<hā'ule lau>
フォーゥ 〈ハーッウレ ラウ〉

10月
October<'Okakopa>
アクトウバァ 〈オカコパ〉

9月
September<Kepakemapa>
セプテンバァ 〈ケパケマパ〉

退役軍人の日
（11月11日）
Veterans' Day
ヴェテランズ　デイ

第一次世界大戦の服役兵を敬い、休戦記念日として始まった祝日で、退役軍人すべてを慰労する祝日となった。

アロハ　フェスティバル
（9月～10月）
Aloha Festival
アロハ　フェスティバル

ハワイ最大のお祭り。9月から10月にかけて、ハワイ各島で1週間から10日ずつ開催。オアフ島のフローラル・パレードがハイライト。

労働感謝の日
（9月第1月曜日）
Labor Day
レイバァ　デイ

すべての労働者をたたえる祭日。新学年が始まる日でもあり、アメリカ人にとっては節目の日。ワイキキでは恒例の市民水泳大会、約3.8kmを泳ぐラフ・ウォーター・スイムが行われ、1万人近い人が参加する。

★月名はもともとハワイになかったので、英語をハワイ語に直したものが使われている

使える！ワードバンク 〈祝いの言葉編〉

日本語	English	カタカナ
連休	long weekend	ロング ウィークエンド
お誕生日おめでとう	Happy birthday.	ハピィ バースデイ
結婚おめでとう	Congratulations on your marriage.	カングラチュレイションズ オン ユアァ マリッジ

プリンス・クヒオ・デー（3月26日）
Prince Kuhio Day
プリンス クヒオ デイ

カピオラニ女王の甥、ジョナ・クヒオ・カラニアナオレ王子の生誕を祝う。王家末裔であるクヒオは政治家となり、ハワイのために尽力した。

イースター
Easter
イースタァ

復活祭。春分のあとの満月の次の日曜にあたり、キリストが十字架にかけられ、3日後に蘇ったことを祝う。卵に色づけを施したイースターエッグで有名。

メモリアル・デー（5月の最終月曜日）
Memorial Day
メモーリアゥ デイ

戦没者を弔う記念日。ホノルルのパンチボウル（国立太平洋記念墓地）には、すべての墓碑にプルメリアのレイと星条旗が捧げられる。

3月
March <Malaki>
マーァチ 〈マラキ〉

4月
April <'Apelila>
エイプリゥ 〈アペリラ〉

春
spring <kupulau>
スプリング 〈クプラウ〉

5月
May <Mei>
メイ 〈メイ〉

レイ・デー（5月1日）
Lei Day
レイ デイ

1828年に「ハワイならではの美しいレイを祝おう」と始まった。祝日ではないが、カピオラニ公園では、レイ・クィーンのお披露目やレイの作品展示、レイ作り実演、フラや音楽などを開催。

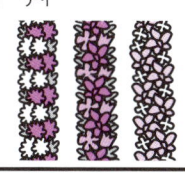

夏
summer <kau wela>
サマァ 〈カウ ヴェラ〉

6月
June <Iune>
ジューン 〈イウネ〉

キング・カメハメハ・デイ（6月11日）
King Kamehameha Day
キング カメハメハ デイ

戦国時代だったハワイ全島を、初めて統一し、カメハメハ王朝を確立した大王の生誕を祝う。ホノルルでは、11日に近い金曜に大王像を何10本ものレイで飾り、土曜はパレード。

8月
August <'Aukake>
オーガスト 〈アウカケ〉

7月
July <Iulai>
ジュライ 〈イウライ〉

使える！ワードバンク 〈イベント編〉

カタカナ	English	読み
ソニー・オープン・イン・ハワイ・ゴルフ・トーナメント (ゴルフ)	Sony Open in Hawaii Golf Tournament	ソニー オープン イン ハワイ ゴゥフ トーナメント
フラ・ボウル・ゲーム (フットボール)	Hula Bowl Game	フラ ボウゥ ゲイム
グレート・アロハ・ラン (マラソン)	Great Aloha Run	グレイト アロハ ラン
メリーモナーク・フラ・フェスティバル (フラ大会)	Merrie Monarch Hula Festival	メリィ モナァク フラ フェスティバゥ
アイアンマン・トライアスロン	Iron man Triathlon	アイロンマン トライアスラン
ホノルル・マラソン (マラソン)	Honolulu Marathon	ホノルゥ マラトン

独立記念日（7月4日）
Independence Day
インディペンデンス デイ

1776年7月4日、独立宣言書に署名され、アメリカは独立した。フォース・オブ・ジュライと言って、この日は各地で花火大会がある。

伝えよう

ハワイの人たちは心温かくてとっても気さく。友達になって心が通ってきたら、お互いのことをもっと話して盛り上がろう。

語学力というよりは…

ハワイの居酒屋にて…

やっぱり英語は現地で経験を積まないとね

Mさん、お仕事で外国各地を回ってらっしゃるんですよね

さぞ経験を積まれたことでしょうね

ま、ね

あ、エクスキューズミー！

ツ〜クネ〜 3ボント〜

ビールノ、ナニアリマスカァ〜？

OK

ア○ヒ＆キ○ン

な

通じてる…

押しの強いMさんの勝ち

また、ハワイのホテルに勤める○さんは

ただだだ

アイ アム ヒア

キー イズ ルーム

ヘルプ！

「鍵を持たずに外に出ちゃった」ってことね

OK OK

単語並べただけでもりっぱに通じてるわ

結局は意志の力？

数字・序数
Numbers/Ordinal numbers
ナンバァズ／オーァディナゥ ナンバァズ

0	0	**zero** <'ole>	ズィロ〈オレ〉
1	1	**one** <'ekahi>	ワン〈エカヒ〉
2	2	**two** <'elua>	トゥー〈エルア〉
3	3	**three** <'ekolu>	スリー〈エコル〉
4	4	**four** <'ehā>	フォーァ〈エハー〉
5	5	**five** <'elima>	ファイヴ〈エリマ〉
6	6	**six** <'eono>	スィックス〈エオノ〉
7	7	**seven** <'ehiku>	セヴン〈エヒク〉
8	8	**eight** <'ewalu>	エイト〈エヴァル〉
9	9	**nine** <'eiwa>	ナイン〈エイヴァ〉

10分の1 (1/10)	**one-tenth**	ワンテンス
十	**ten** <'umi>	テン〈ウミ〉
百	**hundred**	ハンドレッド
千	**thousand**	サウザンド
万	**ten thousand**	テン サウザンド
十万	**hundred thousand**	ハンドレッド サウザンド
百万	**million**	ミリアン
億	**100 millioin**	ワン ハンドレッド ミリアン

★0.1などの小数点(decimal)付きの数は、「ズィロ・ポイント・ワン」「オウ・ポイント・ワン」のように読む

数字	英語				
20	twenty トゥェンティ				

> **ひとくちコラム**
> **長さの単位について**
> ハワイ（アメリカ）はメートル法を使わず、インチ（1inch=約2.5cm）、フィート（1foot=約30cm）、マイル（1mile=約1600m）で物の長さや距離を表記する。もちろん、街なかで見る表示も同様。ほぼ1メートルに該当する長さが、1ヤード（1yard=3feet=91.44cm）と覚えておくと便利。詳しくはP127を参照

11	eleven イレヴン	1番目	first ファーァスト	1階	first floor ファーァスト フローァ
12	twelve トウェゥヴ	2番目	second セカンド	2分の1 (1/2)	one-half ワン ハーフ
13	thirteen サーァティーン	3番目	third サーァド	3分の1 (1/3)	one-third ワンサーァド
14	fourteen フォーァティーン	4番目	fourth フォーァス	4分の1 (1/4)	one-fourth ワンフォーァス
15	fifteen フィフティーン	1ダース	one dozen ワン ダズン	2倍	twice トワイス
16	sixteen スィクスティーン	66セント		sixty-six cents スィックスティスィックス センツ	
17	seventeen セヴンティーン	666ドル		six hundred sixty-six dollars スィックス ハンドレッド スィックスティスィックス ダラズ	
18	eighteen エイティーン	いくつ？	How many? ハウ メニィ	いくら？	How much? ハウ マッチ
19	nineteen ナインティーン				

> **ひとくちコラム**
> **重さの単位について**
> ハワイ（アメリカ）で一般的な重さの単位はオンスとポンド。1ポンド（1pound=約0.45kg）は16オンス（1ounce=約28g）に相当。液体は液量オンス（fluid ounce=1/16pint=約30cc）とパイント（1pint=約0.5リットル）、ガロン（約3.8リットル）で表記される。ガソリンなどはガロン表示だ。詳しくはP127を参照

★ハワイ（アメリカ）の主なコインは、1セント（ペニー）、5セント（ニッケル）、10セント（ダイム）、25セント（クォーター）の4種類

時間・一日

Time/Daily activities
タイム／デイリィ アクティヴィティズ

今、何時ですか？
What time is it?
ウワット タイム イズ イット

ホノルルには何時に着きますか？
What time will we arrive in Honolulu?
ウワット タイム ウィウ ウィ アライヴ イン ホノルル

日の出
sunrise
サンライズ

朝
morning
モーァニング

午前
morning
モーァニング

| **1am** | **3am** | **5am** | **7am** | **9am** | **11am** |
| ワン エイエム | スリー エイエム | ファイヴ エイエム | セヴン エイエム | ナイン エイエム | イレヴン エイエム |

0時｜1時｜2時｜3時｜4時｜5時｜6時｜7時｜8時｜9時｜10時｜11時｜12時

| **12am** | **2am** | **4am** | **6am** | **8am** | **10am** | **12pm** |
| トウェウヴ エイエム | トゥー エイエム | フォーァ エイエム | スィックス エイエム | エイト エイエム | テン エイエム | トウェウヴ ピー… |

就寝
go to bed
ゴウ トゥ ベッド

起床
wake up
ウェイク アップ

朝食
breakfast
ブレックファスト

出社
get to work
ゲット トゥー ワーァク

ダウンタウンまで何分かかりますか？

How many minutes does it take to get to Downtown?

ハウ メニィ ミニッツ ダズ イット テイク トゥ ゲット トゥ ダウンタウン

35分間です
35 minutes.
サーァティファイヴ ミニッツ

何時間かかりますか？
How many hours does it take?
ハウ メニィ アウァァズ ダズ イット テイク

★ ハワイの時差については→P126

4時38分です
It's 4:38.
イッツ フォーア サーティエイト

午後4時ごろです
It's about 4 in the afternoon.
イッツ アバウト フォーア イン ズィ アフタァヌーン

昼
noon
ヌーン

午後
afternoon
アフタァヌーン

夕日
sunset
サンセット

夕方
evening
イーヴニング

夜
nighttime
ナイトタイム

4時5分
five after four
ファイヴ アフタァ フォーア

quarter past four
クウォータァ パスト フォーア

4時45分
quarter till five
クウォータァ ティウ ファイヴ

4時15分

half past four
ハーフ パスト フォーア
4時30分

1pm	3pm	5pm	7pm	9pm	11pm
ワン ピーエム	スリー ピーエム	ファイヴ ピーエム	セヴン ピーエム	ナイン ピーエム	イレヴン ピーエム

13時 14時 15時 16時 17時 18時 19時 20時 21時 22時 23時 24時

2pm	4pm	6pm	8pm	10pm	12am
トゥー ピーエム	フォーア ピーエム	スィックス ピーエム	エイト ピーエム	テン ピーエム	トゥウェウヴ エイエム

昼食
lunch
ランチ

退社
get off (leave) work
ゲット アフ (リーヴ) ワーァク

夕食
dinner
ディナァ

だんらん
get together with family
ゲット トゥゲザァ ウィズ ファミリィ

6時に起こしてください
Please wake me up at 6am.
プリーズ ウェイク ミ アップ アット スィックス エイエム

11時までに帰ります
I'll be back by 11 o'clock.
アイウ ビ バック バイ イレヴン アクラック

使える！ワードバンク　時間編

午前7時	**It's 7am.**	イッツ セヴン エイエム
午後7時	**It's 7pm.**	イッツ セヴン ピーエム
1秒間／2秒間	**one second/two seconds**	ワン セカンド トゥー セカンズ
1分間／2分間	**one minute/two minutes**	ワン ミニット トゥー ミニッツ
1時間／2時間	**one hour/two hours**	ワン アウァア トゥー アウァアズ

はじめよう／歩こう／食べよう／買おう／極めよう／伝えよう／日本の紹介

年月日・曜日

Year/Month/Date/Day
イヤ／マンス／デイト／デイ

いつハワイに来ましたか？
When did you come to Hawaii?
ウエン ディデュ カム トゥ ハワイ

4月1日です★
April 1st.
エイプリュ ファーァスト

月曜日です
On Monday.
アン マンデイ

いつまで滞在しますか？
How long will you stay?
ハウ ロング ウィゥ ユ ステイ

1月 **January** ジャニュアリィ	7月 **July** ジュライ	月曜日 **Monday** マンデイ
2月 **February** フェブラリィ	8月 **August** オーガスト	火曜日 **Tuesday** チューズデイ
3月 **March** マーァチ	9月 **September** セプテンバァ	水曜日 **Wednesday** ウェンズデイ
4月 **April** エイプリュ	10月 **October** アクトウバァ	木曜日 **Thursday** サーズデイ
5月 **May** メイ	11月 **November** ノウヴェンバァ	金曜日 **Friday** フライデイ
6月 **June** ジューン	12月 **December** ディセンバァ	土曜日 **Saturday** サタァデイ
		日曜日 **Sunday** <Lâpule> サンデイ〈ラープレ〉

1 2 3 4 5 6 7 8 9 10 11 12 13 14 15

○日前	○カ月前	○年前
○ **days ago**	○ **months ago**	○ **years ago**
○ デイズ アゴウ	○ マンス アゴウ	○ イヤァズ アゴウ
きのう	先月	去年
yesterday \<nehinei\>	**last month**	**last year**
イェスタァデイ〈ネヒネイ〉	ラスト マンス	ラスト イヤァ
きょう	今月	今年
today \<kêia lâ\>	**this month**	**this year**
トゥデイ〈ケーイア ラー〉	ズィス マンス	ズィス イヤァ
あした	来月	来年
tomorrow \<kalâ'apôpô\>	**next month**	**next year**
トゥマロウ〈カ ラーッアポーポー〉	ネクスト マンス	ネクスト イヤァ
○日後	○カ月後	○年後
in ○ **days**	**in** ○ **months**	**in** ○ **years**
イン ○ デイズ	イン ○ マンス	イン ○ イヤァズ

どれくらい

何日間？	何週間？	何カ月間？	何年間？
For how many days?	**For how many weeks?**	**For how many months?**	**For how many years?**
フォア ハウ メニィ デイズ	フォア ハウ メニィ ウィークス	フォア ハウ メニィ マンス	フォア ハウ メニィ イヤァズ
▼	▼	▼	▼
○日間	○週間	○カ月間	○年間
For ○ **days.**	**For** ○ **weeks.**	**For** ○ **months.**	**For** ○ **years.**
フォア ○ デイズ	フォア ○ ウィークス	フォア ○ マンス	フォア ○ イヤァズ

いつ

何日？	何月？	何曜日？
What's today's date?	**What month?**	**What day is today?**
ウワッツ トゥデイズ デイト	ウワット マンス	ウワット デイ イズ トゥデイ
▼	▼	▼
○日★	○月	○曜日
The ○**.** (The second.)など	○**.** (May.)など	○**day.** (Tuesday.)など
ザ ○（ザ セカンド）	○（メイ）	○デイ（チューズデイ）

ひとくちコラム

アロハ・フライデイ！アメリカ本土では、金曜の夜にパーティーを開く人が多く、TGIF (Thank God. It's Friday) が週末の合言葉。がハワイではアロハ・フライデイ Aloha Friday のほうがポピュラー。金曜にアロハシャツやムームーを着る人が多く、ワイキキではヒルトン・ハワイアン・ビレッジの恒例花火が有名だ。

6 17 18 19 20 21 22 23 24 25 26 27 28 29 30 31

★ 英語では、日付を伝えるとき、1st(ファースト)、2nd(セカンド)のように序数(→P87)を使う

家族・友達・性格

Family <ohana>
Friends
Personality
ファミリィ〈オハナ〉
フレンズ
パァスナラティィ

あなたには兄弟姉妹がいますか？
Do you have any brothers or sisters?
ドゥ ユ ハヴ エニィ ブラザァズ オーァ スィスタァズ♪

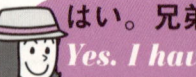

はい。兄弟(姉妹)が1人います
Yes. I have one brother(sister).
イェス アイ ハヴ ワン ブラザァ (スィスタァ)

祖父 **grandfather** グランファーザァ	私の家族 **my family** マイ ファミリィ	祖母 **grandmother** グランマザァ

父 **father** <makua kâne> ファーザァ〈マクア カーネ〉	母 **mother** <makua hine> マザァ〈マクア ヒネ〉

兄弟 **brothers** ブラザァズ	私 **me** <au> ミー〈アウ〉	姉妹 **sisters** スィスタァズ

息子 **son** サン	夫 **husband** ハズバンド	妻 **wife** ワイフ	娘 **daughter** ドータァ

子供 **children** <kamali'i> チゥドレン〈カマリイ〉	両親 **parents** ペアレンツ	夫婦 **married couple** マリィド カプゥ

いとこ **cousin** カズン	少年 **little boy** リトゥ ボイ	男の人 **man** <kâne> マン〈カーネ〉	甥 **nephew** ネフュー

孫 **grandchildren** グランチゥドレン	少女 **little girl** リトゥ ガーァゥ	女の人 **woman** <wahine> ウマン〈ワヒネ/ヴァヒネ〉

★おじさんはuncle アンクゥ、おばさんはaunt アント。ハワイでは血縁がなくても中年以上の男性をアンクゥ○○、女性をアンティ○○と親しみをこめて呼ぶ

男性の友だち	女性の友だち	あなた	🌺 ひとくちコラム
guy friend	**girl friend**	**you** \<oe\>	「あなた」はひとつ
ガイ フレンド	ガーァゥ フレンド	ユー〈オエ〉	英語は日本語とは違い、「君」と「あなた」のような区別はなく、「あなた」に当たる言葉は You ひとつだけだ。

恋人	同級生	赤ちゃん、小さな子供
lover \<ipo\>	**classmate**	**baby** \<keiki\>
ラヴァァ〈イポ〉	クラスメイト	ベイビィ〈ケイキ〉

先輩	後輩	親類
senior	**junior**	**relatives**
スィーニャァ	ジューニャァ	リラティヴズ

彼（彼女）は私の○○です
He (She) is my ○○.
ヒ（シー） イズ マイ ○○

あなたは○○な人ですね
You are a ○○ person.
ユ ァァ ア ○○ パーァスン

○○な人が好きです
I like ○○ people.
アイ ライク ○○ ピープゥ

使える！ワードバンク 〈人の性格編〉

優しい	**nice** ナイス
厳しい	**strict** ストリクト
下品な	**rude** ルード
上品な	**charming** チャーァミング
ケチな	**miserly** マイザァリィ
気前のいい	**generous** ジェネラス
臆病な	**cowardly** カウァァドリィ
勇敢な	**brave** ブレイヴ
魅力的な	**attractive** アトラクティヴ
楽しい	**fun** ファン
親切な	**kind** カインド
賢い	**smart** スマーァト

明るい **cheerful** チアァフゥ

のんびりした **relaxed** リラックスト

短気な **short-tempered** ショーァトテンパァド

暗い **moody** ムーディ

男らしい **manly** マンリィ

女らしい **lady-like** レイディライク

趣味・職業

Hobby/Occupation
ハビィ／アキュペイション

あなたの趣味は何ですか？
What do you do in your free time?
ウワット ドゥ ユ ドゥー イン ユアァ フリー タイム

サーフィンです。あなたは？
I like surfing. And you?
アイ ライク サァーフィング アンド ユ↑

私はウクレレを弾くのが好きです
I like playing ukulele.
アイ ライク プレイング ウクレレ

いつか一緒に演奏しましょう
We should play together sometime.
ウィ シュド プレイ トゥゲザァ サムタイム

音楽鑑賞	映画鑑賞	読書
listening to music	**watching movies**	**reading books**
リスニング トゥ ミューズィック	ワッチング ムーヴィズ	リーディング ブックス

ショッピング	旅行	ガーデニング
shopping	**travelling**	**gardening**
シャッピング	トラヴェリング	ガーァドゥニング

写真	アニメ／マンガ	ビリヤード
taking pictures	**animation/comics**	**playing pool**
テイキング ピクチァズ	アニメイション カミックス	プレイング プーゥ

私はフラを習って（学んで）います
I'm learning hula.
アイム ラァーニング フラ★

法律
law
ロー

生け花	医学	経済学
flower arrangement	**medicine**	**economics**
フラゥワァ アレンジメント	メディスン	エカナミクス

★フラ（フラダンス）については→P76

私は○○関係の会社に勤めています
I work for a ○○ company.
アイ ワーァク フォァ ア ○○ カンパニィ

不動産業 — real estate — リアゥ エステイト

コンサルティング — consulting — カンサゥティング

旅行会社 — travel agency — トラヴェウ エイジェンスィ

商社 — trading — トレイディング

金融 — financial — ファナンシャゥ

建築 — construction — カンストラクション

マスコミ — mass-communications — マスコミュニケイションズ

マーケティング — marketing — マーァケティング

IT — IT — アイティー

食品 — food products — フード プラダクツ

私は○○です
I am a/an ○○. ★
アイ アム ア／アン ○○

通訳 — interpreter — インターァプレタァ

システムエンジニア — system engineer — スィステム エンジニアァ

医者 — doctor — ダクタァ

看護士 — nurse — ナーァス

美容師 — hair dresser — ヘァァドレサァ

秘書 — secretary — セクレタリィ

経営者 — business owner — ビズィネス オウナァ

教師 — teacher — ティーチャァ

調理師 — chef — シェフ

会計士 — accountant — アカウンタント

使える！ワードバンク 〔職業編〕

- 運転手 driver ドライヴァ
- 販売員 salesperson セイゥズパーァスン
- エンジニア engineer エンジェニアァ
- スポーツ選手 professional athlete プロフェッショナゥ アスリート
- ミュージシャン musician ミューズィシャン
- 銀行員 bank teller バンク テラァ
- 公務員 public official パブリック オフィシャゥ
- コンサルタント consultant カンサゥタント
- デザイナー designer ディザイナァ
- 軍人 soldier ソウジャァ
- 政治家 politician パリティシャン
- 自営業 self-employed セゥフ エンプロイド

★不定冠詞a（ア）とan（アン）については→P129

自然・動植物とふれあおう

Let's get in touch with nature!
レッツ ゲット イン タッチ ウィズ ネイチャア

このあたりで○○できるところはありますか？
Is there somewhere around here we can ○○?
イズ ゼアァ サムウェアァ アラウンド ヒアァ ウィ キャン ○○♪

サーフィン
go surfing
ゴウ サーフィン

ハイキング
go hiking
ゴウ ハイキング

カヤッキング
go kayaking
ゴウ カヤィキング

サイクリング
go cycling
ゴウ サイクリング

釣り
go fishing
ゴウ フィッシング

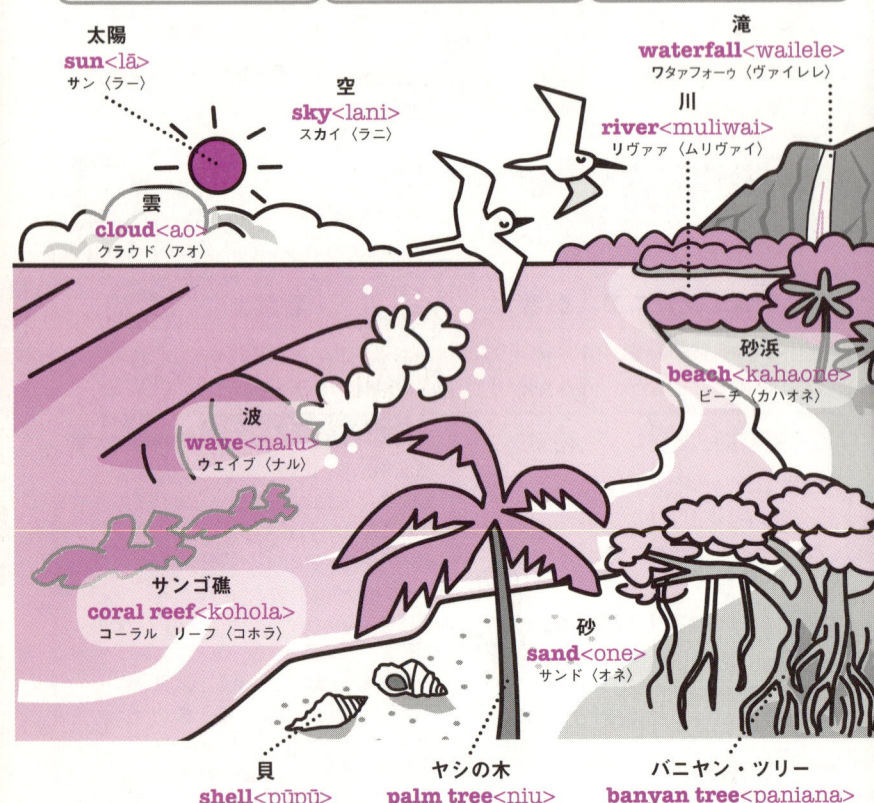

太陽
sun\<lā\>
サン〈ラー〉

空
sky\<lani\>
スカイ〈ラニ〉

雲
cloud\<ao\>
クラウド〈アオ〉

滝
waterfall\<wailele\>
ワタァフォーウ〈ヴァイレレ〉

川
river\<muliwai\>
リヴァァ〈ムリヴァイ〉

砂浜
beach\<kahaone\>
ビーチ〈カハオネ〉

波
wave\<nalu\>
ウェイブ〈ナル〉

サンゴ礁
coral reef\<kohola\>
コーラル リーフ〈コホラ〉

砂
sand\<one\>
サンド〈オネ〉

貝
shell\<pūpū\>
シェル〈プープー〉

ヤシの木
palm tree\<niu\>
パーム トゥリー〈ニウ〉

バニヤン・ツリー
banyan tree\<paniana\>
バニヤン トゥリー〈パニアナ〉

●ハワイらしい花々

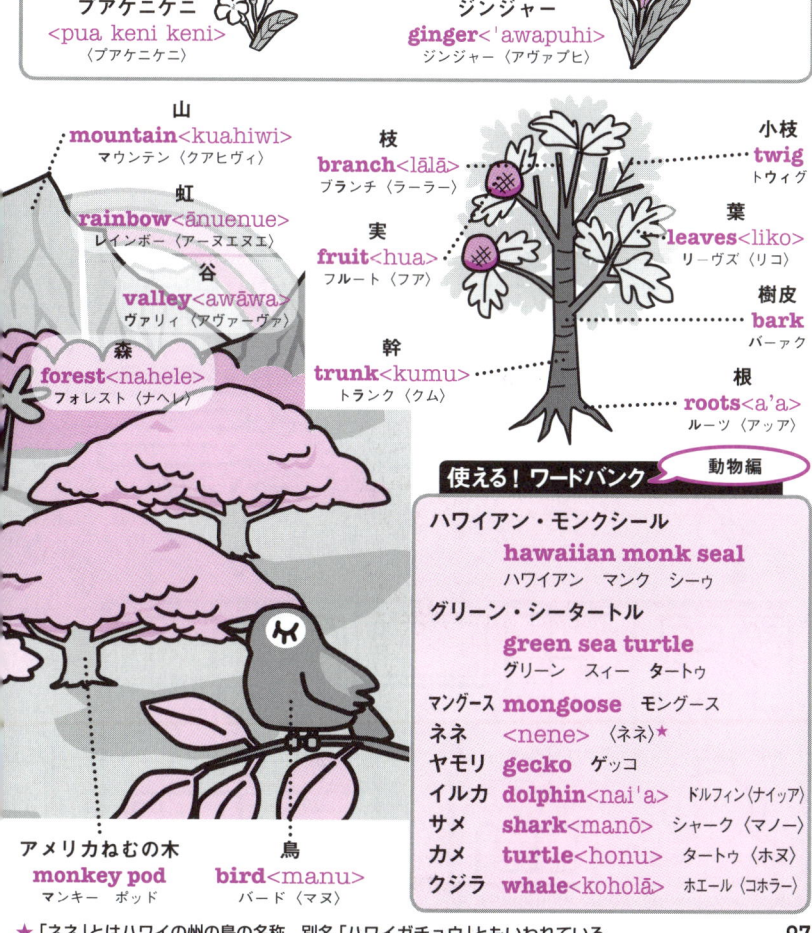

オヒア・レフア
<ohia lefua>
〈オヒア　レフア〉

プルメリア
plumeria<pua melia>
プルメリア〈プア　メリア〉

バード・オブ・パラダイス
bird of paradice
バード　オブ　パラダイス

ハイビスカス
hibiscus<aloalo>
ハイビスカス〈アロアロ〉

プアケニケニ
<pua keni keni>
〈プアケニケニ〉

ジンジャー
ginger<'awapuhi>
ジンジャー〈アヴァプヒ〉

山
mountain<kuahiwi>
マウンテン〈クアヒヴィ〉

虹
rainbow<ānuenue>
レインボー〈アーヌエヌエ〉

谷
valley<awāwa>
ヴァリィ〈アヴァーヴァ〉

森
forest<nahele>
フォレスト〈ナヘレ〉

アメリカねむの木
monkey pod
マンキー　ポッド

鳥
bird<manu>
バード〈マヌ〉

枝
branch<lālā>
ブランチ〈ラーラー〉

実
fruit<hua>
フルート〈フア〉

幹
trunk<kumu>
トランク〈クム〉

小枝
twig
トウィグ

葉
leaves<liko>
リーヴズ〈リコ〉

樹皮
bark
バーァク

根
roots<a'a>
ルーツ〈アッア〉

使える！ワードバンク　動物編

ハワイアン・モンクシール
hawaiian monk seal
ハワイアン　マンク　シーゥ

グリーン・シータートル
green sea turtle
グリーン　スィー　タートゥ

マングース	**mongoose**	モングース
ネネ	<nene>	〈ネネ〉★
ヤモリ	**gecko**	ゲッコ
イルカ	**dolphin**<nai'a>	ドルフィン〈ナイッア〉
サメ	**shark**<manō>	シャーク〈マノー〉
カメ	**turtle**<honu>	タートゥ〈ホヌ〉
クジラ	**whale**<koholā>	ホエール〈コホラー〉

★「ネネ」とはハワイの州の鳥の名称。別名「ハワイガチョウ」ともいわれている

訪問しよう

Let's visit someone's home!
レッツ ヴィズィット サムワンズ ホウム

きれいな家ですね
What a beautiful home!
ウワット ア ビューティフゥ ホウム

ありがとう
Thank you.
サンキュ

ヤシの木
palm tree
パームツリー

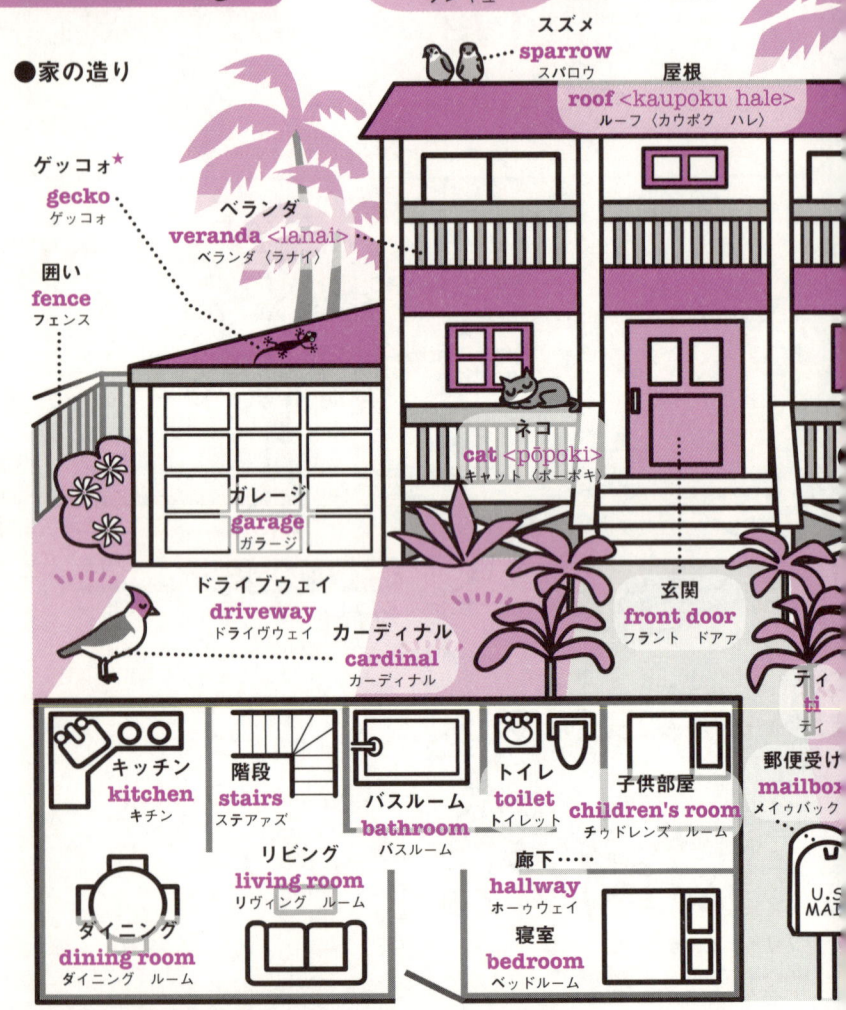

● 家の造り

スズメ
sparrow
スパロウ

屋根
roof <kaupoku hale>
ルーフ 〈カウポク ハレ〉

ゲッコォ★
gecko
ゲッコォ

ベランダ
veranda <lanai>
ベランダ 〈ラナイ〉

囲い
fence
フェンス

ネコ
cat <pōpoki>
キャット 〈ポーポキ〉

ガレージ
garage
ガラージ

ドライブウェイ
driveway
ドライヴウェイ

カーディナル
cardinal
カーディナル

玄関
front door
フラント ドアァ

ティ
ティ

キッチン
kitchen
キチン

階段
stairs
ステアァズ

バスルーム
bathroom
バスルーム

トイレ
toilet
トイレット

子供部屋
children's room
チゥドレンズ ルーム

郵便受け
mailbox
メイゥバック

リビング
living room
リヴィング ルーム

廊下
hallway
ホーゥウェイ

ダイニング
dining room
ダイニング ルーム

寝室
bedroom
ベッドルーム

★ヤモリのことをgecko ゲッコォという。家にいる小さな虫を食べ、ハワイではラッキーシンボルとされているほか、「かわいい生き物」という愛称でも親しまれている

今夜、我が家で一緒に食事をしませんか？
Would you like to come to our house for dinner tonight?
ウジュ ライク トゥ カム トゥ アウァァ ハウス フォァ ディナァ トゥナイト♪

ありがとう。伺わせていただきます
Thank you. I would love to.
サンキュ アイ ウド ラヴ トゥ

先約があり行けません
Sorry. I have other plans.
サリィ アイ ハヴ アザァ プランズ

ステキなインテリアですね
This interior is nicely decorated.
ズィス インティアリァァ イズ ナイスリィ デコレイティド

トイレ（手洗い）を貸してください
Can I use your bathroom?
キャナイ ユーズ ユアァ バスルーム♪

プルメリア
plumeria
プルメリア

芝生
grass
グラス

イヌ
dog <'ilio>
ドーグ〈イーリオ〉

ハイビスカス
hibiscus
ハイビスカス

鳩
dove
ダヴ

使える！ワードバンク（暮らし編）

日本語	英語	カナ
鏡	mirror	ミラァ
ティッシュペーパー	tissue	ティシュ
テーブル	table	テイブゥ
ソファー	sofa	ソファ
カウンター	counter	カウンター
タンス	dresser	ドレサァ
クローゼット	closet	クロウゼット
本棚	bookshelf	ブックシェゥフ
デスク	desk	デスク
椅子	chair	チェアァ
オーブン	oven	オーヴン
ガスレンジ	stove	ストーヴ
電子レンジ	microwave	マイクロウェィヴ
冷蔵庫	refrigerator	リフリジレイタァ
洗面台	sink	スィンク
物置	storage space	ストーリッジ スペイス
洗濯機	washing machine	ウォッシング マシーン
掃除機	vacuum cleaner	ヴァキューム クリーナァ
エアコン	air conditioner	エア カンディショナァ
インターホン	intercom	インタァカム

★ハワイでは、アメリカ本土の一般家庭とは異なり、欧米系の人でも家の中で靴を脱ぐ人が多い。
日系人やアジアからの移住者家庭では、ほぼ100％靴を脱ぐ

疑問詞・助動詞・動詞

Interrogative Auxiliary verb/Verb
インタラガティヴ オーグズィリャリィ ヴァーブ／ヴァーブ

今日、時間がありますか？よかったら映画に行きましょう
Are you free today? Let's go see a movie.
アァ ユ フリー トゥデイ♪ レッツ ゴウ スィー ア ムーヴィィ

すみませんが、行けません
I'm sorry. I can't.
アイム サリィ アイ キャント

いいですよ。いつ、どこで待ち合わせますか？
Sounds great. Where and when do you want to meet?
サウンズ グレイト ウエアァ アンド ウエン ドゥ ユ ワント トゥ ミート

18時にワードセンターの入口で待っています
How about six pm at the entrance of the Ward Center.
ハウ アバウト スィックス ピーエム アット ズィ エントランス アヴ ザ ワードセンター

了解しました
Got it.
ガット イット

少し時間に遅れるかもしれません
I might be a little late.
アイ マイト ビー ア リトゥ レイト

遅れる場合は、私の携帯に電話をください
If you're running late, call my cell phone.
イフ ユアァ ラニング レイト コーゥ マイ セゥ フォウン

いくら？	いつ？	どこ？
How much? ハウ マッチ	**When?** ゥエン	**Where?** ゥエアァ
だれ？	何（を）？	どうやって？
Who? フー	**What?** ゥワット	**How?** ハウ
なぜ？	どこへ？	どれ？
Why? ゥワイ	**Where to?** ゥエアァ トゥ	**Which?** ゥイッチ

日本語	English	カナ
見る	watch	ワッチ
食べる	eat	イート
泊まる	stay	ステイ
買う	buy	バイ
乗る	ride	ライド
座る	sit	スィット
行く	go	ゴウ
来る	come	カム
飲む	drink	ドリンク
探す	look for	ルック フォァ
選ぶ	choose	チューズ
話す	talk	トーク
書く	write	ライト
あげる	give	ギヴ
尋ねる	ask	アスク
確認する	confirm	カンファーァム
両替する	exchange	イクスチェインジ
連絡する	contact	カンタクト
出る	leave	リーヴ
入る	enter	エンタァ
上げる	put up	プット アップ
下げる	take down	テイク ダウン
押す	push	プッシュ
引く	pull	プゥ
歩く	walk	ウォーク
起きる	wake up	ウェイク アップ
寝る	go to bed	ゴウ トゥ ベッド
走る	run	ラン
休む	rest	レスト

使える！ワードバンク 基本フレーズ

日本語	English	カナ
〜していただけますか?	Could you 〜for me?	クジュ 〜 フォァ ミ
〜をしたいのですが	I want to 〜.	アイ ワント トゥ 〜
〜してもいいですか?	May I 〜?	メイ アイ 〜
〜しなくてはなりません	I have to〜.	アイ ハフ トゥ 〜
〜できますか?	Can I 〜?	キャナイ 〜
予約する必要はありますか?	Do I need to make a reservation?	ドゥ アイ ニード トゥ メイク ア レザァヴェイション

反意語・感情表現

Opposites
Emotional words
アパゼッツ
イモウショナゥ ワーァズ

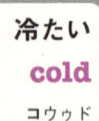

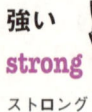

| 新しい **new** ニュー ↕ 古い **old** オウゥド | 長い **long** ロング ↕ 短い **short** ショーァト |

| 熱い **hot** ハット ↔ 冷たい **cold** コウゥド | 強い **strong** ストロング ↔ 弱い **weak** ウィーク |

| 広い **wide** ワイド ↔ 狭い **narrow** ナロウ | 重い **heavy** ヘヴィィ ↔ 軽い **light** ライト |

| 明るい **light** ライト ↔ 暗い **dark** ダーァク | 静かだ **quiet** クワイエット ↔ うるさい **noisy** ノイズィ |

| 進む **go forward** ゴウ フォーァワァド ↔ 戻る **go backward** ゴウ バックワァド | 寒い **cold** コーゥド ↔ 暑い **hot** ハット |

| 高い **expensive** イクスペンスィヴ ↔ 安い **cheap** チープ | 多い **many** メニィ ↔ 少ない **few** フュー |

| 厚い **thick** スィック ↔ 薄い **thin** スィン | 太い **fat** ファット ↔ 細い **thin** スィン |

| 速い **fast** ファスト ↔ 遅い **slow** スロウ | 近い **near** ニアァ ↔ 遠い **far** ファーァ |

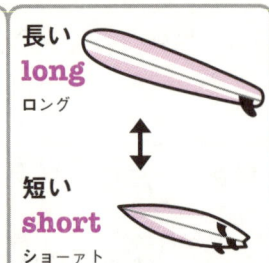

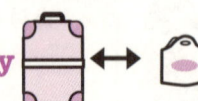

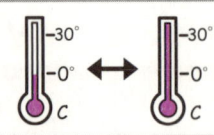

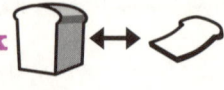

とっても◯◯です
It's very ◯◯.
イッツ ヴェリィ ◯◯

日本語	英語	カナ
さみしい	lonely	ロウンリィ
楽しい	fun	ファン
面白い	interesting	インタレスティング
つまらない	boring	ボーリング
うれしい	glad	グラッド
悲しい	sad	サッド
がっかり	disappointed	ディサポインティド
素敵！	great	グレイト
すご〜い！	Wow!	ワウ
かっこいい！	Cool!	クーゥ
かわいい！	Cute!	キュート
えっ？	What?	ウワット↗
どうしよう…	What should I do...?	ウワット シュド アイ ドゥ
わ〜い	Yee-hah.	イーハー
幸運を	Good luck.	グッド ラック
お大事に	Take care.	テイク ケアァ
やった〜！	Nice!	ナイス

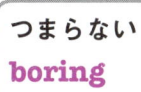

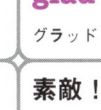

日本語	英語	カナ
軟らかい	soft	ソフト
硬い	hard	ハァード
よい	good	グッド
悪い	bad	バッド
深い	deep	ディープ
浅い	shallow	シャロウ

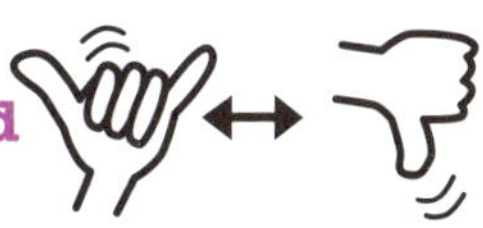

使える！ワードバンク 〈形容詞編〉

日本語	英語	カナ
簡単な	easy	イーズィ
難しい	hard	ハァード
きれいな	beautiful	ビューティフゥ
汚い	dirty	ダァーティ
便利な	convenient	コンヴィーニアント
不便な	inconvenient	インコンヴィーニアント
暖かい	warm	ウォーァム
涼しい	cool	クーゥ
役立つ	useful	ユースフゥ
役に立たない	useless	ユースレス
おとなしい	mature	マチュアァ
珍しい	unusual	アンニュジュアゥ

体・体調

Body <kino>
Physical Condition
バディィ<キノ>
フィズィカゥ カンディション

○○にケガをしました
I hurt my ○○.
アイ ハァート マイ ○○

○○がズキズキします
My ○○ is throbbing.
マイ ○○ イズ スラビング

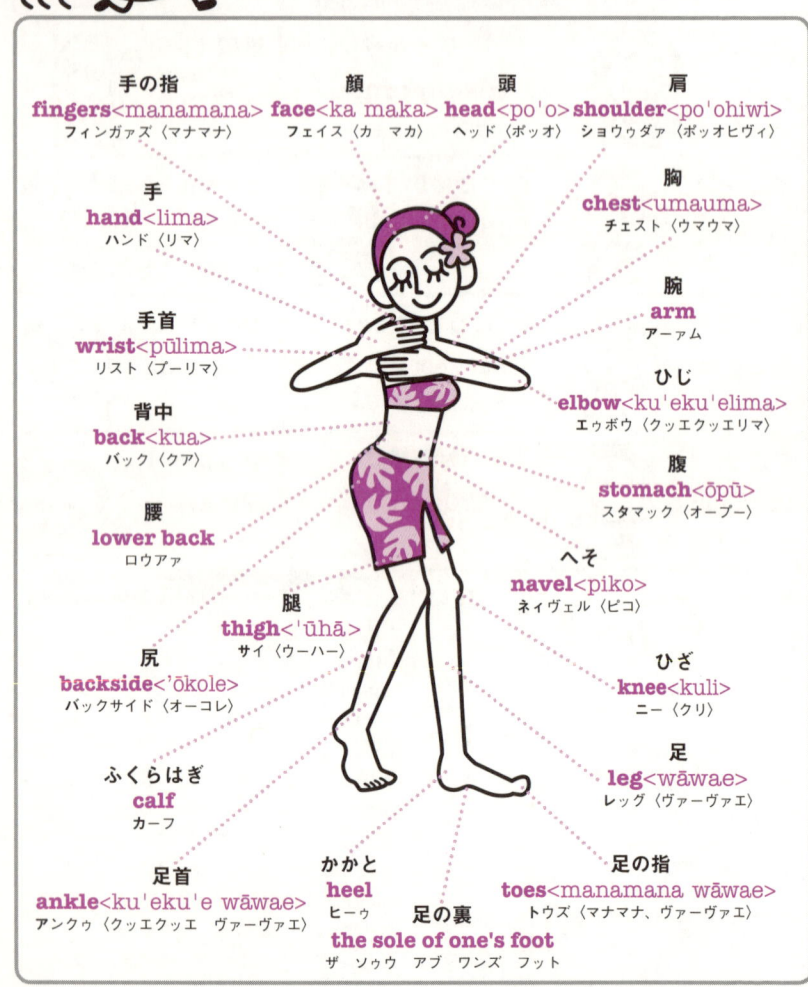

手の指 fingers<manamana> フィンガァズ〈マナマナ〉

顔 face<ka maka> フェイス〈カ マカ〉

頭 head<po'o> ヘッド〈ポッオ〉

肩 shoulder<po'ohiwi> ショウゥダァ〈ポッオヒヴィ〉

手 hand<lima> ハンド〈リマ〉

胸 chest<umauma> チェスト〈ウマウマ〉

手首 wrist<pūlima> リスト〈プーリマ〉

腕 arm アーァム

背中 back<kua> バック〈クア〉

ひじ elbow<ku'eku'elima> エゥボウ〈クッエクッエリマ〉

腰 lower back ロウアァ

腹 stomach<ōpū> スタマック〈オープー〉

腿 thigh<'ūhā> サイ〈ウーハー〉

へそ navel<piko> ネィヴェル〈ピコ〉

尻 backside<'ōkole> バックサイド〈オーコレ〉

ひざ knee<kuli> ニー〈クリ〉

ふくらはぎ calf カーフ

足 leg<wāwae> レッグ〈ヴァーヴァエ〉

足首 ankle<ku'eku'e wāwae> アンクゥ〈クッエクッエ ヴァーヴァエ〉

かかと heel ヒーゥ

足の裏 the sole of one's foot ザ ソウゥ アブ ワンズ フット

足の指 toes<manamana wāwae> トウズ〈マナマナ、ヴァーヴァエ〉

★ハワイは医療費が高く、救急車も有料。日本出発前に海外旅行障害保険に加入するとよい

顔・体の部位

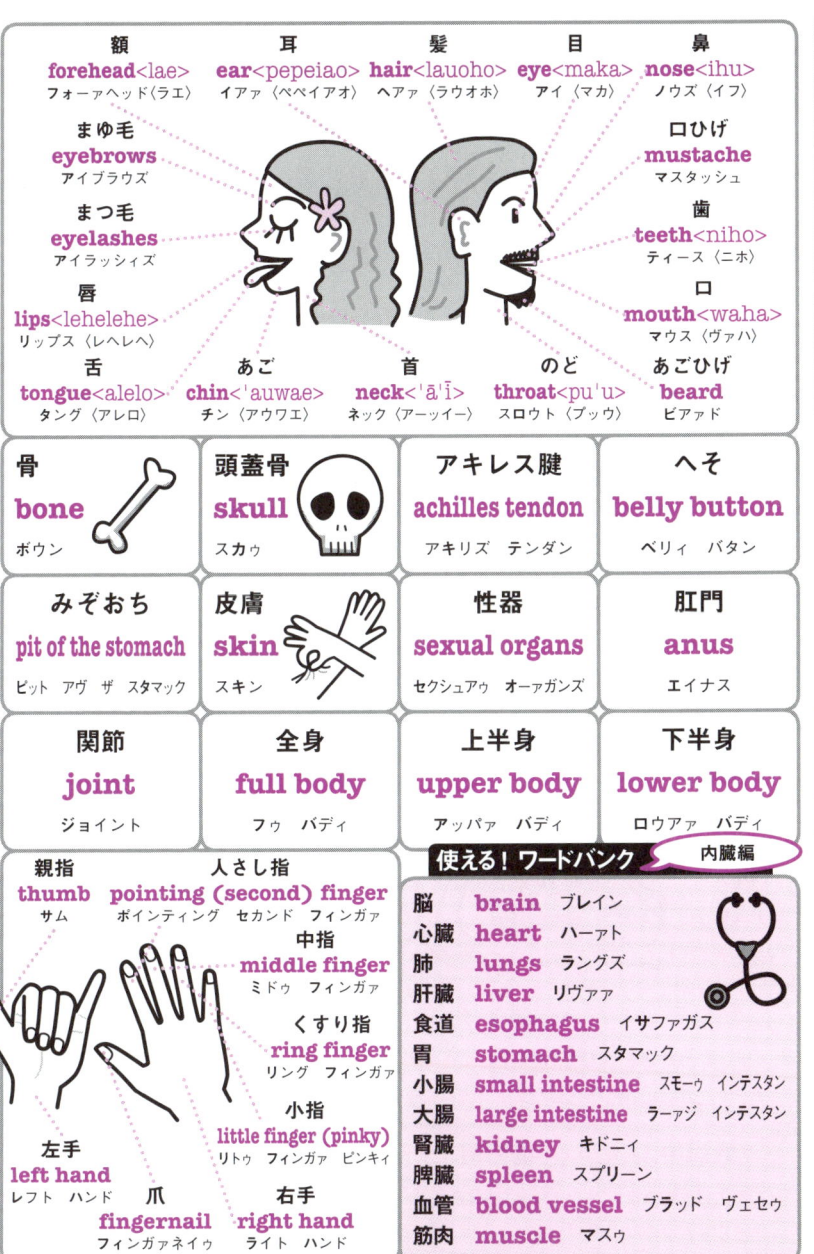

- 額 **forehead** <lae> フォーァヘッド〈ラエ〉
- 耳 **ear** <pepeiao> イアァ〈ペペイアオ〉
- 髪 **hair** <lauoho> ヘアァ〈ラウオホ〉
- 目 **eye** <maka> アイ〈マカ〉
- 鼻 **nose** <ihu> ノウズ〈イフ〉
- まゆ毛 **eyebrows** アイブラウズ
- 口ひげ **mustache** マスタッシュ
- まつ毛 **eyelashes** アイラッシィズ
- 歯 **teeth** <niho> ティース〈ニホ〉
- 唇 **lips** <lehelehe> リップス〈レヘレヘ〉
- 口 **mouth** <waha> マウス〈ヴァハ〉
- 舌 **tongue** <alelo> タング〈アレロ〉
- あご **chin** <ʻauwae> チン〈アウワエ〉
- 首 **neck** <ʻāʻī> ネック〈アーʻイー〉
- のど **throat** <puʻu> スロウト〈ブッウ〉
- あごひげ **beard** ビアァド

骨 **bone** ボウン	頭蓋骨 **skull** スカゥ	アキレス腱 **achilles tendon** アキリズ テンダン	へそ **belly button** ベリィ バタン
みぞおち **pit of the stomach** ピット アヴ ザ スタマック	皮膚 **skin** スキン	性器 **sexual organs** セクシュアゥ オーァガンズ	肛門 **anus** エイナス
関節 **joint** ジョイント	全身 **full body** フゥ バディ	上半身 **upper body** アッパァ バディ	下半身 **lower body** ロウァア バディ

- 親指 **thumb** サム
- 人さし指 **pointing (second) finger** ポインティング セカンド フィンガァ
- 中指 **middle finger** ミドゥ フィンガァ
- くすり指 **ring finger** リング フィンガァ
- 小指 **little finger (pinky)** リトゥ フィンガァ ピンキィ
- 左手 **left hand** レフト ハンド
- 爪 **fingernail** フィンガァネイウ
- 右手 **right hand** ライト ハンド

使える！ワードバンク 〈内臓編〉

- 脳 **brain** ブレイン
- 心臓 **heart** ハーァト
- 肺 **lungs** ラングズ
- 肝臓 **liver** リヴァァ
- 食道 **esophagus** イサファガス
- 胃 **stomach** スタマック
- 小腸 **small intestine** スモゥ インテスタン
- 大腸 **large intestine** ラーァジ インテスタン
- 腎臓 **kidney** キドニィ
- 脾臓 **spleen** スプリーン
- 血管 **blood vessel** ブラッド ヴェセゥ
- 筋肉 **muscle** マスゥ

★ハワイをはじめ、アメリカの薬は日本製の薬より強めなので注意したい

病気・ケガ
Sickness/Injury
スィックネス／インジュリィ

病院へ連れて行ってください
Please take me to a hospital.
プリーズ テイク ミ トゥ ア ハスピタゥ

ここが痛いです
It hurts right here.
イット ハーツ ライト ヒアァ

熱があります
I have a fever.
アイ ハヴ ア フィーヴァァ

だるいです
I am weak.
アイ アム ウィーク

寒気がします
I have the chills.
アイ ハヴ ザ チゥズ

息苦しいです
I can't breathe.
アイ キャント ブリーズ

吐き気がします
I am nauseous.
アイ アム ノーシャス

風邪 **cold** コウゥド	食あたり **food poisoning** フード ポイズニング	胃腸炎 **stomach infection** スタマック インフェクション	疲労 **fatigue** ファティーグ
	熱中症（日射病） **heat stroke/sun stroke** ヒート ストロウク／サン ストロウク	盲腸炎 **appendicitis** アペンディサイタス	消化不良 **digestion problems** ダイジェスチョン プラブレムズ
打撲 **bruise** ブルーズ	ねんざ **sprain** スプレイン	骨折 **broken bone** ブロウクン ボウン	やけど **burn** バーァン

私はアレルギー体質です **I have allergies.** アイ ハヴ アラァジィズ	旅行者保険に入っています **I have travel insurance.** アイ ハヴ トラヴェゥ インシュアランス

妊娠中 **pregnant** プレグナント	糖尿病 **diabetes** ダイアビーティズ	高血圧 **high blood pressure** ハイ ブラッド プレッシァア	低血圧 **low blood pressure** ロウ ブラッド プレッシァア

★風邪薬、胃腸薬、頭痛薬などの簡単な薬はスーパーやドラッグストアで購入可能

日本語のできる医者はいますか？
Is there a doctor who can speak Japanese?
イズ ゼアァ ア ダクタァ フー キャン スピーク ジャパニーズ⤴

どうしましたか？
What's wrong?
ウワッツ ロング

処方箋を出します
I'll write you a prescription.
アイゥ ライト ユ ア プリスクリプション

お腹を見せてください
Show me your stomach.
ショウ ミ ユアァ スタマック

注射	点滴	湿布	手術
injection	**IV**	**compress**	**operation**
インジェクション	アイヴィー	カンプレス	アペレイション

風邪薬	解熱剤	鎮痛剤	消毒薬
cold medicine	**fever medication**	**pain medication**	**disinfectant**
コウゥド メディスン	フィーヴァァ メディケイション	ペイン メディケイション	ディスインフェクタント

胃腸薬	抗生物質	座薬	薬局
stomach medicine	**antibiotic**	**suppository**	**pharmacy**
スタマック メディスン	アンティバイアティック	サポズィトリィ	ファーァマスィ

薬は何回飲むのですか？	1日2回	1回3錠
How many times should I take this?	**Twice a day.**	**Three tablets at once.**
ハウ メニィ タイムズ シュド アイ テイク ズィス	トワイス ア デイ	スリー タブレッツ アット ワンス

食前	食間
Before eating.	**Between meals.**
ビフォァ イーティング	ビトゥィーン ミーゥズ

食後	服用する
After eating.	**take**
アフタァ イーティング	テイク

使える！ワードバンク 病院編

病院	hospital	ハスピタゥ
医師	doctor	ダクタァ
看護士	nurse	ナーァス
内科	internal medicine	インターァナゥ メディスン
外科	surgery	サーァジェリィ
眼科	optometry	アプトウメトリィ
歯科	dentistry	デンテストリィ

★薬局で薬を購入する場合は、医師の処方箋が必要になる

事故・トラブル

Accident/Trouble
アクスィデント/トラブゥ

○○をなくしました
I've lost my ○○.
アイヴ ロスト マイ ○○

○○を盗まれたようです
I think my ○○ was stolen.
アイ スィンク マイ ○○ ワズ ストウルン

お金 money
マニィ

パスポート passport
パスポーァト

財布 wallet
ワレット

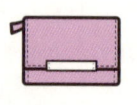

カメラ camera
キャメラ

クレジットカード credit card
クレディット カーァド

航空券 plane ticket
プレイン ティケット

バッグ bag
バッグ

スーツケース suitcase
スートケイス

警察（救急車／医者）を呼んでください
Call the police! (an ambulance/a doctor)
コーゥ ザ パリース（アン アンビャランス／ア ダクタァ）

盗難証明（事故証明）を作ってください
Please write up a police report.
プリーズ ライト アップ ア パリース リポーァト

日本語のわかる人はいませんか？
Is there someone who speaks Japanese?
イズ ゼアァ サムワン フー スピークス ジャパニーズ↗

日本総領事館に連絡したいのですが
I want to contact the Japanese consulate.
アイ ワント トゥ カンタクト ザ ジャパニーズ カンスリット

★ワイキキ・ビーチにある交番には、日本語がわかる警察官 Policeman パリースマンがたいてい駐在しているので安心

日本語	English	カタカナ
交通事故	traffic accident	トラフィック アクスィデント
信号無視	run a red light	ラン ア レッド ライト
すり	pickpocket	ピックパケット
ひったくり	purse-snatcher	パーァススナッチャァ
ドロボウ	thief	スィーフ
痴漢	groper	グロウパァ
火事	fire	ファイアァ
ハリケーン	hurricane	ハレケイン
竜巻	tornado	トーァネイドウ
洪水	flood	フラッド
雪崩	avalanche	アヴァランチ
自然災害	natural disaster	ナチュラゥ ディザスタァ
弁償してください	You have to compensate me.	ユ ハフ トゥ カンペンセイト ミ
車にはねられました	I was hit by a car.	アイ ワズ ヒット バイ ア カーァ
私は悪くありません	It's not my fault.	イッツ ナット マイ フォーゥト
携帯電話を貸してください	Please let me use your cell phone.	プリーズ レット ミ ユーズ ユアァ セゥ フォウン

緊急フレーズ

日本語	English	カタカナ
助けて！	Help!	ヘゥプ
動くな！	Freeze!	フリーズ
やめろ！	Stop!	スタップ
離せ！	Let me go!	レット ミ ゴウ
強盗！	Robber!	ラバァ
手をあげろ！	Put your hands up!	プット ユア ハンズ アップ
開けて！	Open up!	オウプン アップ
出て行け！	Get out!	ゲット アウト
つかまえて！	Grab him!	グラブ ヒム

★地震はアースクェイク earthquake と言う

column ～「ハワイ流」マスターへの道～

旅行中に困らない、ハワイ流チップの渡し方

日本にはチップの習慣がないので、戸惑うことも多い。ただ、心から相手のサービスに満足したら、その気持ちを伝えるのがチップ。「チップ＝感謝の気持ち」と覚えておけば、少し身近に感じられるのでは？

ルームメイドへは
枕ひとつに1ドルを目安に

枕元に置くため、ピローチップともいう。2人で使うキングサイズやダブルベッドなら2ドル、ツインならそれぞれ1ドルずつ。ただし、超高級ホテルの場合は、部屋が広く掃除する場所も多いため、少し多めに。

特に、ピローチップの場合、ポケットの小銭を置いておきたいと思うだろう。が、チップにペニー（1セント）やニッケル（5セント）、ダイム（10セント）をかき集めて置くのは、「あなたのサービスはよくなかった」というサインになってしまう。クォーター（25セント）なら許容範囲だろう。ハワイ滞在中、チップやバス料金で1ドル札を使うことが案外多く、必要な時にサイフを見ると、1ドルがないということも多々起こる。どうしても小銭しかなければ、置かないよりはいいので、「Sorry, I only have coins. Mahalo」（ごめんなさい。小銭しか持っていません。ありがとう）と、メモを一緒に残しておけば、気持ちは伝わる。

そのほかホテルで必要なチップあれこれ

まずホテルに到着した時、入口で預けたスーツケースは、ベルボーイが部屋まで運んでくれる。あるいは帰国する時に部屋から玄関まで運んでもらう。こういう場合、荷物1つにつき1ドルを目安に。といっても小さなバッグや店の紙袋など、こまごましたものはまとめて1ドルと考えればいい。

ルームサービスを頼んだ場合、伝票にサービス料が含まれていなかったら、料金の15％程度のチップを伝票に書き込んでサインをする。支払いは、ホテルのチェックアウト時にまとめて清算。

レンタカーを使用する人は、ホテルやレストランで、バレットパーキングを利用することになる。バレットパーキングとは、ホテルの車寄せで乗り降りした車を、係の人が駐車してくれるサービス。車を出してもらった時、2ドル程度のチップを渡す。

レストランは15％を目安に

合計の15％が基準。高級レストランのディナーや、そのときに受けたサービスにとても満足したなら20％を。

クレジットカードで支払う場合は、チップの書き込み欄に金額と合計を自分で書き込む。現金で清算した場合は、トレーにチップ分のお金を残しておく。

ファストフードなどセルフサービス店では不要。だが、ワイキキなどのカウンター形式のラーメン店などでは「15％のチップをお願いします」とメニューに書かれていることが多い。カウンター越しにどんぶりを受け取っただけなのに、どうしてチップ？という意見もあるが、食事をする所では慣例的にチップを、ということらしい。

ただ、チップはあくまで客側が決めるもの。店によっては勘定書きにチップを加算してくるところもある。チップの加算に気づかずに、二重払いも少なくないので、勘定書きはきちんと見るようにしたい。

私の国を紹介します

日本の紹介

日本の地理	112
日本の一年	114
日本の文化	116
日本の家族	118
日本の料理	120
日本の生活	122
〈コラム〉いわばハワイの方言、ピジン・イングリッシュとは？	124

日本の地理
Geography of Japan

日本列島は4つの大きな島（北海道、本州、四国、九州）と大小約7000もの島々から成り立っている。

The Japanese archipelago consists of four major islands (Hokkaido, Honshu, Shikoku, Kyushu) and includes approximately 7,000 islands altogether.

私は○○で生まれました。
I was born in ○○.
アイ ワズ ボーァン イン ○○

日本の山 高さベスト3 TOP3 Mountains

1	富士山	3,776m	Mt. Fuji (12,388 feet)
2	北岳	3,192m	Mt. Kitadake (10,472 feet)
3	奥穂高岳	3,190m	Mt. Okuhotakadake (10,465 feet)

三名城 3 Famous Castles

姫路城（兵庫）	Himeji Castle (Hyogo)
松本城（長野）	Matumoto Castle (Nagano)
熊本城（熊本）	Kumamoto Castle (Kumamoto)

日本三景 3 Famous Spots of Scenic Beauty

天橋立（京都）	Amanohashidate (Kyoto)
厳島神社（広島）	Itukushima Shinto Shrine (Hiroshima)
松島（宮城）	Matsushima (Miyagi)

中国 Chugoku
九州 Kyushu
沖縄 Okinawa
四国 Shikoku
近畿 Kinki

滋賀 Shiga
石川 Ishikawa
京都 Kyoto
福井 Fukui
島根 Shimane
鳥取 Tottori
岐阜 Gifu
佐賀 Saga
山口 Yamaguchi
岡山 Okayama
兵庫 Hyogo
福岡 Fukuoka
広島 Hiroshima
愛媛 Ehime
香川 Kagawa
大阪 Osaka
長崎 Nagasaki
大分 Oita
徳島 Tokushima
愛知 Aichi
熊本 Kumamoto
高知 Kochi
和歌山 Wakayama
鹿児島 Kagoshima
宮崎 Miyazaki
奈良 Nara
三重 Mie

★（日本には）温泉がたくさんあります＝There are many mineral hot springs in Japan.

私の国を紹介します
Let's talk about Japan!

北海道 Hokkaido

※（ ）内は所在地、登録年 ／文＝文化遺産、自＝自然遺産

[世界遺産] World Heritage

日本にあるユネスコの世界遺産は、2011年8月現在、16物件あります。
As of August 2011, there are 16 locations in Japan inscribed on UNESCO's World Heritage Site List.

- ●知床（北海道、2005／自）Shiretoko
- ●白神山地（青森・秋田、1993／自）Shirakami-Sanchi
- ●平泉の文化遺産（岩手、2011／文）
Hiraizumi - Temples, Gardens and Archaeological Sites Representing the Buddhist Pure Land
- ●日光の社寺（栃木、1999／文）
The Shrines and Temples of Nikko
- ●小笠原諸島（東京、2011／自）Ogasawara Islands
- ●白川郷・五箇山の合掌造り集落（岐阜・富山、1995／文）
Historic Villages of Shirakawa-go and Gokayama
- ●古都京都の文化財（京都市、宇治市、大津市、1994／文）
Historic Monuments of Ancient Kyoto
(Kyoto, Uji and Otsu Cities)
- ●古都奈良の文化財（奈良、1998／文）
Historic Monuments of Ancient Nara
- ●法隆寺地域の仏教建造物（奈良、1993／文）
Buddhist Monuments in the Horyu-ji Area
- ●紀伊山地の霊場と参詣道
（三重・奈良・和歌山、2004／文）
Sacred Sites and Pilgrimage Routes in the Kii Mountain Range
- ●姫路城（兵庫、1993／文）Himeji Castle
- ●原爆ドーム（広島、1996／文）
Hiroshima Peace Memorial (Atomic Dome)
- ●厳島神社（広島、1996／文）
Itsukushima Shinto Shrine
- ●石見銀山遺跡とその文化的景観（島根、2007／文）
Iwami Ginzan Silver Mine and its Cultural Landscape
- ●屋久島（鹿児島、1993／自）Yakushima
- ●琉球王国のグスク及び関連遺跡群（沖縄、2000／文）
Gusuku Sites and Related Properties of the Kingdom of Ryukyu

青森 Aomori

東北 Tohoku

秋田 Akita
岩手 Iwate
富山 Toyama
山形 Yamagata
宮城 Miyagi
新潟 Niigata
福島 Fukushima
群馬 Gumma
栃木 Tochigi
茨城 Ibaraki
長野 Nagano
山梨 Yamanashi
埼玉 Saitama
千葉 Chiba
東京 Tokyo
神奈川 Kanagawa

関東 Kanto

静岡 Shizuoka

中部 Chubu

○○を知っていますか？ = Do you know about ○○?

日本の一年

Japanese calendar

日本には4つの季節"四季(Shiki)"があり、それぞれの季節とその移り変わりを楽しむ行事がある。

Japan has four seasons ("shiki"). There are many popular events that mark the change of seasons.

日本は今○○の季節です
Right now, it is ○○ in Japan.
ライト ナウ イット イズ ○○ イン ジャパン

8月 August
7月 July
6月 June
5月 May
4月 April
3月 March

夏 Summer
春 Spring

[七夕(7月7日)]
Tanabata (July 7)

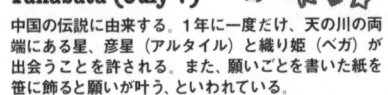

中国の伝説に由来する。1年に一度だけ、天の川の両端にある星、彦星(アルタイル)と織り姫(ベガ)が出会うことを許される。また、願いごとを書いた紙を笹に飾ると願いが叶う、といわれている。

Tanabata is an annual event based on a Chinese legend. It is said that once a year, on the night of July 7, the stars Altair and Vega, which are on opposite sides of the Milky Way, are allowed to meet. Also it is believed that wishes written on strips of colored paper and hung on bamboo branches will come true.

[端午の節句(5月5日)]
Tango no sekku (May 5)

男児の健やかな成長と幸せを願う日で祝日になっている。男児がいる家庭では、鯉のぼりを揚げ、武者人形や鎧兜を飾る。

The day of good health and happiness for young boys. It is also designated as a national holiday "Children's Day." Families with boys celebrate the day by flying koinobori (kites) and displaying musha ningyo and yoroi kabuto (armour and helmets).

[花見] Hanami

桜の満開時期になると、職場仲間や友人、家族で公園などに出かけ、桜の木の下で食事をしたり、酒を飲んだりする。

When cherry blossoms are in full bloom, people go to parks and other places with their colleagues, friends and family members for "cherry blossom viewing." They enjoy the view while eating and drinking under the cherry trees.

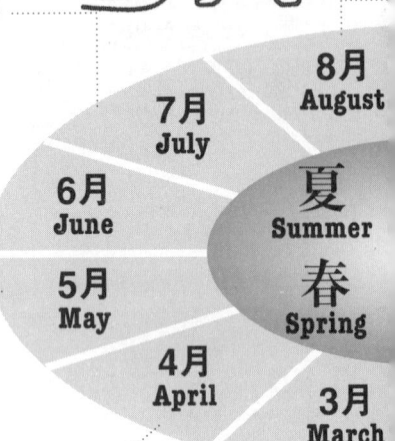

[ひな祭り(3月3日)]
Hina matsuri (March 3)

女児の健やかな成長と幸運を願う行事。ひな人形を飾り、桃の花やひし餅、ひなあられを供える。

During hina matsuri (the girls' festival), families with young girls pray for their health and happiness. Hina ningyo (dolls) are displayed and white sake, diamond-shaped rice cakes called hishimochi and hina arare (sweetened rice crackers) are set out as offerings.

★季節ごとに、昔から多くの行事があります= In Japan, each season brings a variety of traditional events.

[盆] Bon festival

7月13～15日、または8月13～15日に帰ってくる祖先の霊を迎えて慰めるため、さまざまな行事を行う。都会に住む人も故郷に帰って、墓に花を供えるなどして祖先の霊を供養する。

From July 13-15, or August 13-15, a series of events are conducted to receive and comfort the spirits of ancestors that are said to return to their homes at this time. People who live in big cities return to their parents' homes and pray for the happiness of their ancestors' souls by visiting graves and placing flowers etc.

[月見 (9月中旬)] Tsukimi (Mid-September)

月を鑑賞する行事を月見という。9月中旬頃の満月を特に「十五夜」とよび、月見団子や果物、秋の七草を供える。

The activity of moon viewing is called Tsukimi. It is held on the night of the full moon in the middle of September (specifically called "jugoya"). Tsukimi dango (dumplings), fruits and the seven autumn flowers are offered to the moon.

私の国を紹介します　Let's talk about Japan!

[クリスマス (12月25日)] Christmas (December 25)

日本ではクリスマスは宗教色が薄く、家族や友人、恋人達が絆を確かめあう行事であることが多い。

Generally, Christmas is not celebrated as a religious event in Japan. Rather, it is treated as an event to express one's affection for family, friends and loved ones.

[大晦日] Omisoka (December 31)

大晦日の夜には、家族揃ってテレビで歌番組を見てすごす。また、家族揃ってそばを食べることによって、健康と長寿を願う。

New Year's Eve in Japan is generally celebrated by the immediate family spending the night together watching a popular music show on TV. Japanese noodles are a traditional meal and eating them serves as a symbol of long life and happiness.

9月 September
10月 October
11月 November
12月 December
1月 January
2月 February

秋 Autumn
冬 Winter

[正月] Shogatsu

1年の最初の月のことだが、1月1～7日を指すことが多い。古来より、正月の行事は盆とともに重要なものとされている。

Although shogatsu literally means the first month of the year, it generally indicates the period of January 1 through 7. Since ancient times, the events of shogatsu have been considered as important as those of the bon festival.

[節分 (2月3日)] Setsubun (February 3)

「鬼は外」「福は内」とかけ声をかけながら、鬼役の人に向かってマメを投げる。邪悪なものや不幸を家の外に追い払い、福を呼び込む意味がある。

On the day of setsubun, people throw soy beans at the "demon"(usually a family member wearing a demon mask) yelling "Out with demons! In with happiness!" This is believed to ward off evil and misfortune from the home and beckon happiness.

[バレンタインデー (2月14日)] Valentine's Day (February 14)

女性から男性にチョコレートを贈るのが一般的。贈り物をもらった男性は3月14日のホワイトデーにお返しをする。

It is customary that women give men chocolate on Valentine's Day, February 14. Men who received presents on this day are expected to give gifts to the women in return on White Day, March 14.

★秋は紅葉が美しいです＝The fall colors are beautiful.

日本の文化
Japanese culture

○○をご存じですか？
Have you ever heard of ○○?
ハヴ ユ エヴァァ ハーァド アヴ ○○↗

[着物] Kimono

着物は和服ともよばれる日本の伝統的衣服。江戸時代までは日常着だった。洋服が普及してからは礼服として冠婚葬祭や茶道の席で着ることが多い。

Kimonos, also called wafuku, are the traditional dress of Japan that were worn as everyday clothing up until the Edo period (late 19th century). Since western-style clothes have become the norm for daily activities, kimonos are mostly worn for ceremonial occasions and when traditional arts like the tea ceremony are practiced.

[浮世絵] Ukiyoe

浮世絵は江戸時代に発達した風俗画。15～16世紀には肉筆の作品が中心だったが、17世紀後半、木版画の手法が確立され、大量生産が可能になると、庶民の間に急速に普及した。

Ukiyoe is a genre of painting developed during the Edo period. In the 15th and 16th century, they were mostly painted by hand. In the late 17th century, when the technique of woodblock printing was established to enable mass-production, ukiyoe soon became very popular among the common people.

[短歌と俳句] Tanka and Haiku

短歌は日本独特の和歌の一形式で、五七五七七の五句31音で構成される。俳句は五七五の三句17音の詩。この短い形式の中に美しい言葉で季節や自分の気持ちを詠み込む。

Tanka is a unique and traditional style of poetry, comprised of 5 lines, each line having a syllabic meter of 5-7-5-7-7. Haiku are the more renowned shorter version with three lines and 17 syllables in the pattern of 5-7-5. Haiku are peotic expressions revolving around the seasons and personal emotions.

[盆栽] Bonsai

盆栽は、鉢に植えた小さな木を自然界にあるような大木の形に整え、その姿を楽しむ植物の芸術作品。木の姿だけでなく、鉢も鑑賞の対象となる。

Bonsai is the horticultural art of training miniature potted trees and plants to grow into shapes resembling large trees that actually exist in nature. In addition to the shapes of the plants, the pots and vessels are an appreciated part of the craft.

[生け花] Ikebana

生け花は草花や花を切り取り、水を入れた花器に挿して鑑賞する日本独特の芸術。もとは仏前に花を供えるところから始まったが、室町時代（14～16世紀）には立花として流行し、江戸時代になると茶の湯とともに一般に普及した。

Ikebana is the traditional Japanese art of arranging cut flowers and branches in a vase. It originated from offering flowers before the tablet of the deceased. In the Muromachi period (14th-16th century), rikka (standing flowers) arrangement became trendy. In the Edo period, flower arrangement gained popularity along with the tea ceremony.

[茶の湯] Cha no yu

茶の湯は、16世紀ごろ千利休が大成した。彼は禅の精神を取り入れ、簡素と静寂を旨とする日本独特の「わび」の心を重んじた。

Cha no yu (tea ceremony) was perfected by Master Sen no Rikyu in the 16th century. It is based on the sprit of Zen and focuses on pursuing the Japanese "wabi" aesthetic, a simple and calm state of mind.

★盆栽、生け花、茶の湯などは趣味で習う人も多い＝Many people learn bonsai, Ikebana, tea ceremony as a hobby.

[歌舞伎] Kabuki

江戸時代に生まれた日本独特の演劇芸術。1603年、出雲大社の巫女だった女性たちにより京都で興行されたのが始まりといわれている。風紀を乱すということから禁止されたが、その後、徳川幕府により成人男子が真面目な芝居をすることを条件に野郎歌舞伎が許された。現在の歌舞伎は男性のみで演じられる。★

Kabuki is a unique style of traditional Japanese theater that was developed during the Edo period. It is said to have originated from a group of itinerant women entertainers performing in Kyoto in 1603. Thought to be negatively affecting public morals, kabuki was banned. Later the Tokugawa Shogunate allowed it to be revived under the condition that only male actors participate (Yaro Kabuki). Kabuki remains like this to this day, as even the female roles are played by men.

[文楽] Bunraku

日本の伝統的な人形芝居、人形浄瑠璃（義太夫節）という独特の歌謡に合わせて演じられる。人形浄瑠璃が成立したのは1600年前後といわれ、主に大阪を中心に発展してきた。★

Bunraku is the traditional Japanese puppet theater (ningyo joruri) which is performed with a unique narrative chant called joruri (gidayu bushi). Ningyo joruri is said to have been established around 1600 and flourished mainly in the Osaka area.

[能・狂言] Noh and Kyogen

室町時代初期（14世紀）に出来上がった歌舞劇で、二人から数人で、華麗な衣装と仮面をつけて演じる古典芸能。狂言は、ユーモアにあふれたセリフ主体の劇である。★

Noh is a classic theatrical art incorporating music, dances and plays that was established at the beginning of the Muromachi period (14th century). It is played by two or more performers wearing colourful costumes and masks. Kyogen is comedic drama that consists mainly of spoken lines.

私の国を紹介します　Let's talk about Japan!

[相撲] Sumo

日本の伝統的なスポーツのひとつ。土俵とよばれる丸いリングの中で2人が組み合い、相手を土俵の外に出すか、地面に倒した方が勝ち。古くから相撲は神の意志を占う役割があったが、8世紀ごろの、天皇に見せる節会相撲が始まり。現在は日本の国技として人気を集め、外国人力士も増加中。

Sumo, or Japanese wrestling, is one of Japan's most popular traditional sports. It is a match of two sumo wrestlers in a round ring called the dohyo. The winner is the one who first makes his opponent step outside the ring or fall down to the ground. In ancient times, sumo was conducted as a religious ritual. The origin of present-day sumo is sechie zumo, conducted in the 8th century as a ceremonial show for the Emperor. Today, sumo enjoys popularity as the national sport of Japan, and it is gaining popularity abroad as more and more foreign wrestlers compete.

[柔道] Judo

日本に古くからあった柔術という格闘技を、19世紀に嘉納治五郎がスポーツとして改良したもの。身体と精神の両方を鍛えることを目的としている。

Judo is a refined from of the older Japanese martial art, jujutsu. It was developed into the sport of judo by Jigoro Kano in the19th century. Judo aims to improve both one's physical and mental strength.

[剣道] Kendo

剣を使って心身を鍛える道。武士の時代には相手を倒すための武術だったが、現在では面、胴、小手などの防具をつけ、竹刀で相手と打ち合う。

Kendo is a way of strengthening one's mind and body using a sword. While kendo was a military technique for defeating the enemy in the warrior age, it is now practiced as a sport in which two fencers wearing pads and armor (referred to as men, do and kote) duel with bamboo swords.

★歌舞伎、能楽、人形浄瑠璃は、ユネスコの無形文化財に登録されている＝Kabuki, Noh, Ningyo Joururi (a puppet theater) are registered with UNESCO as intangible cultural assets.

日本の家族
Japanese family

生を受け、その生涯を終えるまでに、自分の家族の幸せや長寿を願い、さまざまな行事が行われる。

There are many traditional events to wish happiness and long life for oneself and one's family.

誕生日おめでとう！
Happy birthday!
ハピィ　バーァスデイ

ありがとう！
Thank you!
サンキュ

[結婚式] Kekkonshiki

決まった宗教を持たない人が多い日本では、結婚式の形式も特定の宗教に捕われないことが多い。古来より神前結婚式が多数を占めていたが、最近はキリスト教式の結婚式を選ぶ人も多い。

In Japan, where many people are not actively religious, many wedding ceremonies do not reflect any particular religion. While many ceremonnies are traditionaly held at a shinto shrine, recently more and more couples are choosing Christian-style (American-style) weddings.

男性25、42、61歳
女性19、33、37歳

男性30.4歳、女性28.6歳
（平均婚姻年齢）※1

60歳

[還暦] Kanreki

一定の年齢に達した高齢者に対し、長寿のお祝いをする。例えば、数え年での61歳を還暦といい、家族が赤い頭巾やちゃんちゃんこを贈る風習がある。

There are several customs for celebrating long life for senior citizens who have come to certain ages. For example, the 61st year of a person's life is called kanreki. It is customary for the family to give a red hood or sleeveless kimono jacket to family members when they reach this age.

[厄年] Yakudoshi ※3

厄年とは病気や事故、身内の不幸といった災いが降りかかりやすい年齢のこと。

Yakudoshi is the age when one is believed to be at risk of injury, illness, accidents or encountering misfortune such as having a death in one's family. Many people go to a shrine to offer a prayer against this.

男性79.6歳、女性86.4歳
（平均寿命）※2

[葬式] Soshiki

日頃あまり宗教的ではない日本人も、葬式においては多分に宗教的である。そのほとんどが仏教式。

Although Japanese do not seem to be particularly concerned with religion in their daily lives, they strictly follow religious rites in funerals. Most of the funerals in Japan are conducted according to Buddhist beliefs.

[法要] Hoyo

葬式が終わったあとも、死者が往生して極楽（キリスト教における天国）に行けるよう、生きている人が供養を行う。初七日、四十九日、一周忌が特に重要とされている。

After the funeral, the bereaved family and relatives conduct Buddhist memorial services so that the spirit of the dead can be at peace and go to the Buddhist paradise (similar to heaven in Christianity). The memorial services conducted on the 7th day, 49th day and one year after the death are considered especially important.

※1、2は2009年厚生労働省人口動態統計に拠る

私の国を紹介します / Let's talk about Japan!

[帯祝い] Obi iwai
妊娠して5カ月目の、干支でいう戌の日に、妊婦の実家が腹帯を贈る行事。戌の日に行うのは多産な犬にあやかり、安産を祈ることに由来する。

During the fifth month of their pregnancy, pregnant women are given a sash from their parents on the Day of the Dog in the Oriental Zodiac. This event is conducted on the Day of the Dog because the dog's fertility symbolizes an easy delivery.

[お宮参り] Omiya mairi
赤ちゃんの誕生を祝い、元気な成長を願って、男の子は生後30日目、女の子は生後33日目に住んでいる土地の神社にお参りする。

The family of the newborn infant takes the baby to a Shinto shrine — where the local Shinto deity (ujigami) is enshrined — to celebrate the child's birth and pray for its healthy growth. This ceremony is conducted 30 days after birth for boys and on the 33rd day for girls.

誕生前 → 生後30〜33日 → 3歳 → 5歳 → 7歳 → 6〜15歳 小〜中学校 → 16〜18歳 高等学校 → 18歳〜 大学／専門学校 → 20歳

[七五三] Shichi go san
子供の健やかな成長を願って、男の子は3歳と5歳、女の子は3歳と7歳のときに神社にお参りをする。

People take their children to a shrine to pray for their healthy growth. This is done with boys three and five years old, and girls when they are three and seven years old.

[成人の日] Seijin no hi
満20歳になった人を成人として認める儀式。1月の第2月曜日に、各地の自治体では記念の式典が行われる。また、満20歳になると選挙権が得られる。また、飲酒、喫煙も許される。

"Seijin no hi" is a ceremony to celebrate people who have turned 20 and officially recognize them as adults. The second Monday in January, each local government holds a celebratory ceremony. "Legal adults" at age 20, they can vote, smoke and drink alchohol.

[進学] Shingaku
幼稚園、小学校、中学校、高校、大学を経て就職するまで、子供の教育に必死になる親は多い。

Many parents fret about their children's education, from their primary education through university.

現代家族の形態

[核家族] Kaku kazoku
日本で主流になっている家族形態。かつては若年層世帯の多い都市部に多かったが、現在では過疎化の進む地方でも目立つ。

The typical form of Japanese family today. Nuclear families used to be more common in large cities, where there were many young households. Today, they are also noticeable in rural regions where populations are declining.

[共働き] Tomobataraki
結婚をしても、夫と妻の双方が仕事を続ける場合が多く、その場合子供を持たない夫婦をDINKSとよぶ。

Many couples continue working after they get married. In this case, couples that don't have children are called DINKS (Double Income No Kids).

[パラサイトシングル] Parasite single
一定の収入があっても独立せず、結婚適齢期を過ぎても親と同居し続ける独身者のことをいう。

Single adults who earn steady incomes but are not willing to be independent and continue living with their parents even in their marriageable age.

※3 厄年は数え年（満年齢に1つ足す）で表される

日本の料理

Japanese food

現代の日本では、あらゆる国の料理を楽しむことができるが、ここでは日本の代表的な料理をいくつか紹介する。

While foods from all over the world are available in Japan today, many Japanese traditional dishes are still very popular.

いただきます！
Itadakimasu ※

ごちそうさま
Gochisosama ※

[刺身] Sashimi

新鮮な魚介類を薄切りにして盛り付けたもの。普通、ワサビを薬味にして醤油につけて食べる。

Sashimi is thin slices of fresh raw fish arranged on a plate. It is usually accompanied with wasabi and dipped in soy sauce before being eaten.

[すし] Sushi

砂糖を混ぜた酢で調味した飯（すし飯）にさまざまな魚介類を薄切りにして載せたもの。

Sushi is made by placing thin slices of various seafood on top of rice seasoned with sugared vinegar (sushi meshi).

[すき焼] Sukiyaki

鉄鍋を使い、牛肉の薄切り肉と豆腐、しらたき、野菜などを卓上コンロで煮ながら食べる。

Sukiyaki is a dish of thinly sliced beef, tofu, shirataki (noodles made from konnyaku starch) vegetables, etc., cooked in a cast-iron pot at the table using a portable cooking stove.

[天ぷら] Tempura

野菜や魚介類に衣をつけて油でからりと揚げた料理。

Tempura is vegetables and seafood dipped in koromo (batter) and deep-fried.

[しゃぶしゃぶ] Shabu-shabu

薄く切った牛肉を沸騰した昆布だしの鍋にさっとくぐらせ、たれにつけて食べる。

Shabushabu is a dish of thinly sliced beef dipped briefly in boiling kelp-based stock and eaten with special sauces.

[鍋もの] Nabemono

大きな鍋で野菜や魚介類などを煮ながら食べる。材料や味付けによってさまざまな鍋がある。

Nabemono is the collective name for hotpot dishes containing vegetables and seafood that are cooked at the table. There are many kinds of nabemono with different ingredients and seasonings.

※ Japanese always say "itadakimasu" before meals, and "gochisosama" after eating.

[会席料理] Kaisekiryouri

酒宴のときに出される上等な日本料理。西洋料理のフルコースのように一品ずつ順に料理が運ばれる。季節に合った旬の素材が美しく調理される。

Kaiseki ryori is a highly refined Japanese cuisine served at dinner parties. Dishes are served one by one just like a full-course dinner in Western cuisine. Ingredients are often selected according to the season.

[麺類] Menrui

そば粉に小麦粉、水などを加えて練り細く切ったそばと、小麦粉を練って作るうどんは日本の伝統的な麺類。

Soba are thin noodles made from a mixture of sobako (buckwheat flour), wheat flour, water, etc., and udon is made by kneading wheat flour dough. These two are the traditional noodles of Japan.

私の国を紹介します
Let's talk about Japan!

[おでん] Oden

醤油のだし汁で、魚の練り製品や大根、ゆで玉子などを数時間煮込んだもの。

Oden is the collective name given to a type of food where various ingredients such as fish cakes, Japanese radish, and boiled eggs are cooked and simmer in a soy sauce-based stock for several hours.

[お好み焼] Okonomiyaki

小麦粉に水と卵を加え、その中に野菜、魚介類、肉などを混ぜたものをテーブルにはめ込んだ鉄板で焼いて食べる。

Okonomiyaki is a type of pancake made by cooking a batter of flour, water and egg mixed with various ingredients such as vegetables, seafood, and meat on a hot plate built into the table.

[定食] Teishoku

家庭的なおかずとご飯と味噌汁をセットにしたメニューで、学生から社会人までランチメニューとして人気。

A menu selection popular among both students and adults, teishoku is a meal where a home-cooked entre is provided along with rice and miso (a soybean paste) soup.

[焼き鳥] Yakitori

一口大に切った鶏肉や牛、豚の臓物を串に刺してあぶり焼にする。甘辛いたれをつけたものと塩味のものが選べる。

Yakitori consists of small pieces of chicken, beef and pork skewered on bamboo and grilled. You can ask for tare (flavored with a soy-based sauce) or shio (seasoned with salt).

食事のマナー / Table manners

ご飯、汁物を食べるときは、茶碗、汁椀を胸のあたりまで持ち上げる。

It is good manners to lift dishes to chest-level when eating rice or drinking soup.

刺身の盛合せや漬物など共用の箸が添えられているものは、その箸を使って少量を自分の皿に取り分ける。

When eating sashimi or tsukemono (pickles) served in a dish with an extra pair of chopsticks, use those chopsticks to serve yourself.

汁物を食べるときは椀や器に直接口をつけて静かに食べる。

Sip soup and liquid dishes straight from the bowl without making slurping noises.

茶碗のご飯は最後のひと粒まで残さず食べる。食べ終わったら箸をきちんと箸置きにおいて、食べ始めの状態に戻す。

It is customary in Japan to eat all of the rice in your bowl, down to the last grain. When you have finished your meal, place your chopsticks on the chopstick rest as they were when you started.

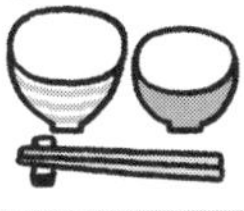

Both words are expressions of thanks to the person who prepared the meal.

日本の生活

Life in Japan

すまい
Housing

日本の住居は独立した一戸建てと、複数の住居が一棟を構成する集合住宅とに大別される。地価の高い都心では庭付きの一戸建てに住むのは難しく、マンションなどの集合住宅が人気。

Japanese housing can be separated into two categories, individual homes and apartment/condomium style living. The latter is more common in large cities where the cost of living is prohibitively expensive.

アメリカにも○○はありますか？
Do you have ○○ in America?

ド ユ ハヴ ○○ イン アメリカ♪

[和室] Japanese room

伝統的な日本特有の部屋。床はイグサで作られた畳を敷き詰め、空間は、紙と木で作られた障子で仕切られている。靴、上履きのような履物は脱いで入る。

The typical Japanese interior includes floors covered with mats made of straw, with rooms divided by sliding doors made from wood and paper. Shoes are taken off before entering a Japanese home.

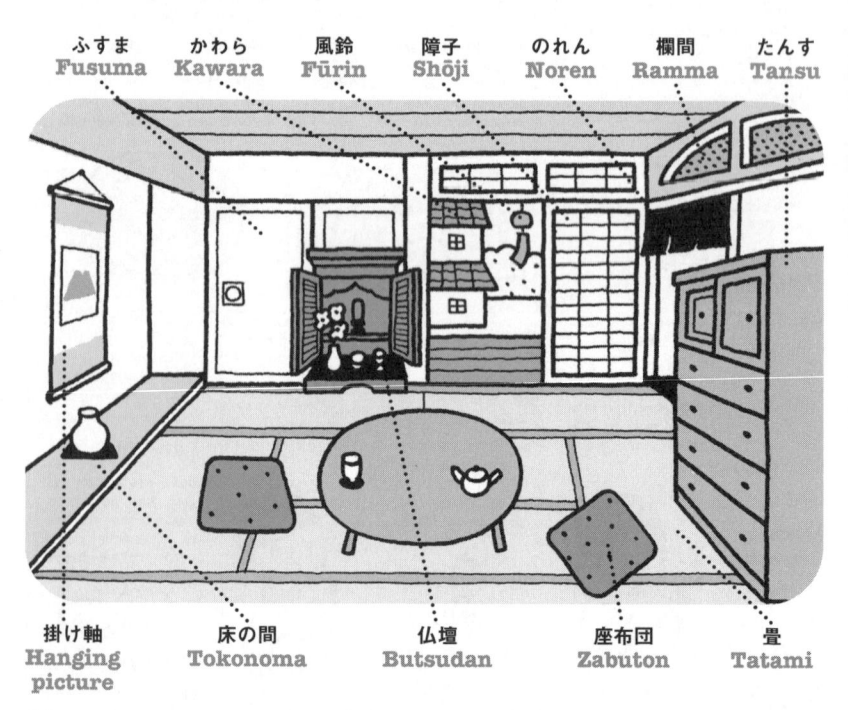

- ふすま Fusuma
- かわら Kawara
- 風鈴 Fūrin
- 障子 Shōji
- のれん Noren
- 欄間 Ramma
- たんす Tansu
- 掛け軸 Hanging picture
- 床の間 Tokonoma
- 仏壇 Butsudan
- 座布団 Zabuton
- 畳 Tatami

★畳には独特なよい香りがあり、和室にいると心が落ち着きます＝In a Japanese style room, the tatami has a special smell that helps you to relax.

娯楽
Goraku

Let's talk about Japan!
私の国を紹介します

[プリクラ] Purikura

設置された画面を操作しながら写真を撮り、数十秒でシールにできる機械。特に女子学生に人気。

An automatic photo-booth in which customers operate keys or a touch screen to take photos of themselves. The photos are printed on small stickers in less than a minute. Purikura ("print club") are especially popular among schoolgirls.

[カラオケ] Karaoke

街のいたるところにカラオケ店があり、老若男女に楽しまれている。

There are karaoke places all around town and men and women of all ages enjoy singing karaoke.

[パチンコ] Pachinko

パチンコは、大人向けの娯楽の代表である。遊ぶことができるのは18歳から。機種ごとにルールは異なる。玉がたくさんたまったら景品に交換できる。

"Pachinko" is one of the most popular amusements for adults in Japan. You have to be over 18 years old to play pachinko. Rules vary depending on the type of machines. It is kind of a mixture between slots and pinball. If you win enough balls, you can exchange them for prizes.

[ゲームセンター] Game Centre

さまざまなゲーム機器が揃っている遊技施設。子供だけではなく、学生やサラリーマンが楽しむ姿も多くみられる。

An amusement parlor with a variety of video game machines. Not only children but also students and professionals enjoy playing video games at these facilities.

[麻雀] Mah-jong

1920年代に中国から伝わったゲーム。最初に13個の牌を持ち、トランプのように引いては捨て、を繰り返し、決まった組合せにする。

Mah-jong is a game which was introduced into Japan from China in the 1920s. Each player has thirteen tiles (pai) to start with. They draw and discard tiles in turn to group their tiles into certain prescribed combinations, just like when playing cards.

[マンガ喫茶] Manga kissa

一定の料金を支払えば、ドリンクや軽食と共にマンガや雑誌を閲覧できる店。インターネットや仮眠施設を備えているところも多い。

A manga kissa is a café in which you can read comic books and magazines while enjoying drinks and snacks. Many manga kissa provide computers for the internet and private booths for relaxing.

[競馬・競輪・競艇] Keiba/Keirin/Kyotei

日本で法的に認められているギャンブル。競馬は国内に点在する競馬場や場外売り場で馬券を購入できる。

Horse, bicycle and motorboat racing are the legal forms of gambling in Japan. You can buy tickets to bet on these races at race tracks located across the country and off-track betting booths.

[温泉] Onsen

世界有数の火山国である日本には温泉が数多くある。泉質によってさまざまな効能があるが、何よりゆったりリラックスできるので多くの人が休日を利用して温泉を訪れる。

As Japan is one of the most volcanically active countries in the world, it has many onsen, or hot springs. It is said that onsen have various therapeutic effects depending on the qualities of the water, but above all, they are comfortable and relaxing. Many people visit onsen on weekends and holidays.

★○○に行ったことがありますか？ 気に入りましたか？ =Have you ever been to ○○? Did you enjoy it?

column ～「ハワイ流」マスターへの道～

いわばハワイの方言、ピジン・イングリッシュとは？

ピジンって何のこと？

辞書によるとピジン英語は、pidgin English。意味は「中国語が混合して、文法も発音もくずれた英語」。ピジンはbusinessが、中国語的に発音されたものと言われている。つまり、植民地時代に英語を話す監督係と現地労働者たちが意思疎通のために、それぞれの国の言葉を互いに歩み寄らせて独特の言葉になったものだ。現在は、ピジン・イングリッシュはその土地独特の地方言葉、つまり方言のようなものを指す。

ハワイのピジン・イングリッシュ

もともとハワイには先住のハワイ人がいた。そこに英米の宣教師やビジネスマンが入り、移民時代には日本、沖縄、中国、韓国、フィリピンなどから、多くの人々が移住してきた。ニューヨークも人種の坩堝と言われるが、ハワイだって負けてはいない。アジア系の国の言葉や文化と、先住のハワイアン文化、近代のアメリカ文化とがごちゃごちゃに混ざって、ハワイ独自の言語と文化が生まれたのだ。

たとえば祖父がハワイ人、祖母が中国系アイルランド人、母が日系、父がフィリピン系…と、たくさんの国の血を引いた人は、ハワイでは珍しくない。そういう家庭では、きっとチョプスイ（焼きソバのような食べ物）と、パンケーキ、ツケモノが同じ食卓に並んでも不思議はないだろう。

言葉も同じで、ごくふつうにいろいろな国の単語が混ざってピジン英語となった。ハワイに暮らす子供が、夏休みにアメリカ本土のおばあちゃんの家へ遊びに行ったら、彼らの話す英語がわからなかったという、本当の話もあるほどだ。

たとえば…

若者であれば、サーファー系に多いが、ビーチや町で顔見知りに会った時、「Howzit Brah ハウゼッブラァ」と声をかける。「よォ兄弟！調子はどうだい」みたいな感じで、いたってローカルっぽい挨拶だ。

また、文法が簡略化されて、「long time no seeロング　タイム　ノー　シー」（ひさしぶりだね）。標準英語では、I have not seen you for a long time.。あるいはshe doesn'tが she don'tというように、3人称が1人称のまま使われることも。

特にお年寄りの間では、このピジン英語が顕著で、日系1世2世のお年寄りはガールをギョールという人がほとんどだ。お弁当はカウカウで、これは砂糖きび畑農園で働いていた日本人がハワイ語の'ai kau（食べる）が訛ってお昼のお弁当をカウカウと呼んだのが、今でも使われている。

ピジンはローカルたちのもの

ホテルや銀行など、街で働くハワイの人たちは、仕事場では標準英語を話す。が、家に帰ってくつろいだり、気のおけない友人と話す時は、ピジン英語が飛び交うにちがいない。ピジン英語はローカルたちの言葉。だから、旅行者としてハワイを訪れる私たちは、よく知らないピジン・イングリッシュを無理して使う必要は決してない。とくにハワイ人たちが多く住む地域では、よそ者が自分たちの言葉を使うことを、心よく思わない人もいるので気をつけたい。

ハワイで会話を楽しむための基本情報が満載

知っておこう

ハワイまるわかり	126
アメリカ英語が上達する文法講座	128
ハワイにまつわる雑学ガイド	132
英語で手紙を書こう！	135
50音順アメリカ(ハワイ)英語単語帳	136
(日本語→アメリカ・ハワイ英語)	

ハワイまるわかり

| ハワイ州 | State of Hawaii |

国のあらまし　ハワイ　VS　日本

	ハワイ	日本
面積	1万6635km²	37万8000km²
人口	約129万5000人	約1億2752万人（2010年）
州花／国花	ハイビスカス	桜
州歌／国歌	ハワイ・ポノイ	君が代
州都／首都	ホノルル（オアフ島人口約90万7600人）	東京（人口約1316万6000人）
公用語	英語	日本語

※ハワイの面積・人口はアメリカ統計局のデータ（2009年）

アメリカ　旅のヒント

【時差】
ハワイは日付変更線を越えるので、日本のほうが19時間先行した時間になる。計算が面倒なので、今の時間に5時間プラスした前日と考えると分かりやすい。つまり、日本が4月1日の正午だとすると、ハワイでは前日、3月31日、夕方の17時になる。メインランドではサマータイムのある州もあるが、ハワイではサマータイムはない。

【通貨】
米ドル＝約81円（2011年5月現在）

【電圧】
110～120ボルト／60ヘルツ。日本（100ボルト／50～60ヘルツ）とは異なるので、日本の家電製品をそのまま使う場合は、変圧器とアダプターを用意しよう。

【チップ】→P110
サービスへの感謝の気持ちとして、チップを払う習慣がある。目安は以下の通り。

レストラン／料金の15～20％（サービス料が加算されている場合があるので注意）
タクシー／$1～3
ポーター／荷物1個につき$1～2
ホテルのメイド、ルームサービス／$1～2

【郵便】
切手の購入は郵便局の窓口やホテルのフロントのほか、郵便局やスーパーなどに設置されている自動販売機で。投函は町なかにある青いポストかホテルのフロントへ。日本へはハガキで98セント、封筒は1オンス（約28g）までが98セント（いずれも航空便）。

温度比較

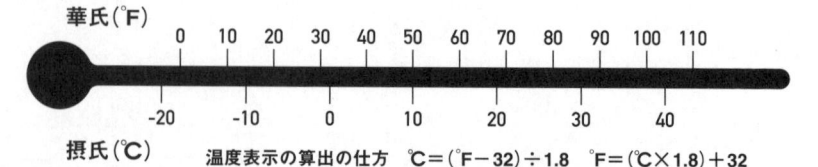

華氏（°F）　0　10　20　30　40　50　60　70　80　90　100　110

摂氏（°C）　-20　-10　0　10　20　30　40

温度表示の算出の仕方　°C＝（°F−32）÷1.8　　°F＝（°C×1.8）+32

★出入国に関する英語→P137、電話・通信→P139、両替→P141

度量衡

長さ

メートル法		ヤード・ポンド法				尺貫法			
メートル	キロ	インチ	フィート	ヤード	マイル	海里	寸	尺	間
1	0.001	39.370	3.281	1.094	-	-	33.00	3.300	0.550
1000	1	39370	3281	1094.1	0.621	0.540	33000	3300	550.0
0.025	-	1	0.083	0.028	-	-	0.838	0.084	0.014
0.305	-	12.00	1	0.333	-	-	10.058	1.006	0.168
0.914	0.0009	36.00	3.00	1	0.0006	0.0004	30.175	3.017	0.503
1609	1.609	63360	5280	1760	1	0.869	53107	5310.7	885.12
0.030	-	1.193	0.099	0.033	-	-	1	0.100	0.017
0.303	0.0003	11.930	0.994	0.331	0.0002	0.0002	10.00	1	0.167
1.818	0.002	71.583	5.965	1.988	0.001	0.0009	60.00	6.00	1

重さ

メートル法			ヤード・ポンド法		尺貫法		
グラム	キログラム	トン	オンス	ポンド	匁	貫	斤
1	0.001	-	0.035	0.002	0.267	0.0003	0.002
1000	1	0.001	35.274	2.205	266.667	0.267	1.667
-	1000	1	35274	2204.6	266667	266.667	1666.67
28.349	0.028	0.00003	1	0.0625	7.560	0.008	0.047
453.59	0.453	0.0005	16.00	1	120.958	0.121	0.756
3.750	0.004	-	0.132	0.008	1	0.001	0.006
3750	3.750	0.004	132.2	8.267	1000	1	6.250
600.0	0.600	0.0006	21.164	1.322	160.0	0.160	1

面積

メートル法		ヤード・ポンド法		尺貫法		
アール	平方キロメートル	エーカー	平方マイル	坪	反	町
1	0.0001	0.025	0.00004	30.250	0.100	0.010
10000	1	247.11	0.386	302500	1008.3	100.83
40.469	0.004	1	0.0016	1224.12	4.080	0.408
25906	2.59067	640.0	1	783443	2611.42	261.14
0.033	0.000003	0.0008	-	1	0.003	0.0003
9.917	0.00099	0.245	0.0004	300.0	1	0.100
99.174	0.0099	2.450	0.004	3000.0	10.000	1

体積

メートル法			ヤード・ポンド法		尺貫法		
立方センチ	リットル	立方メートル	クォート	米ガロン	合	升	斗
1	0.001	0.000001	0.0011	0.0002	0.006	0.0006	0.00006
1000	1	0.001	1.057	0.264	5.543	0.554	0.055
-	1000	1	1056.8	264.19	5543.5	554.35	55.435
946.35	0.946	0.0009	1	0.25	5.246	0.525	0.052
3785.4	3.785	0.004	4.00	1	20.983	2.098	0.210
180.39	0.180	0.00018	0.191	0.048	1	0.100	0.010
1803.9	1.804	0.0018	1.906	0.476	10.00	1	0.100
18039	18.04	0.018	19.060	4.766	100.00	10.00	1

華氏(°F)	96	97	98	99	100	101	102	103	104	105	106	107	108
摂氏(°C)	35.5	36.1	36.6	37.2	37.7	38.3	38.8	39.4	40.0	40.5	41.1	41.6	42.2

アメリカ英語が上達する文法講座

講座1　英語の基本について知っておこう

■アルファベットと発音
アメリカ英語では以下の26のアルファベットを使用する。

a	b	c	d	e	f	g	h	i	j
エイ	ビー	スィー	ディー	イー	エフ	ジー	エイチ	アイ	ジェイ

k	l	m	n	o	p	q	r	s	t
ケイ	エゥ	エム	エヌ	オウ	ピー	キュー	アーァ	エス	ティー

u	v	w	x	y	z
ユー	ヴィー	ダブリュー	エクス	ワイ	ズィー

■母音と子音
　英語の母音は、日本語の母音「あ」「い」「う」「え」「お」にあたる文字 a（エイ），i（アイ），u（ユー），e（イー），o（オウ）の5つで表現される。それ以外のb（ビー），c（スィー）...などで表される音が子音。母音と子音を区別することは、次頁で紹介する不定冠詞a（ア）やan（アン）の使い分けにも関わってくる重要なポイントなので、よく覚えておこう。

■数えられる名詞と数えられない名詞
　pen（ペン　ペン）、mountain（マウンテン　山）など、人やものの名前を表すのが名詞だが、英語には数えられる名詞と数えられない名詞がある。例えば、book（ブック　本）は1冊、2冊と数えられるが、water（ワァタァ　水）は1つ、2つとは数えられない。

■代名詞と活用
　英語には人やものを表す代名詞がある。日本語の「私、あなた、彼、それ」などにあたる言葉が代名詞。旅行英会話でもよく使うので、以下のリストでまとめて覚えておこう。

●人称代名詞

	主格 〜は	所有格 〜の	目的格 〜を	所有代名詞 〜のもの
私	I アィ	my マイ	me ミー	mine マイン
私たち	we ウィ	our アゥアァ	us アス	ours アゥアァズ
あなた	you ユー	your ユアァ	you ユー	yours ユアァズ
あなたたち	you ユー	your ユアァ	you ユー	yours ユアァズ
彼	he ヒー	his ヒズ	him ヒム	his ヒズ
彼女	she シー	her ハァ	her ハァ	hers ハァズ
それ	it イット	its イッツ	it イット	
彼ら／彼女ら／それら	they ゼイ	their ゼアァ	them ゼム	theirs ゼアァズ

★me, you, she, heの発音について。単語としてはミー、ユー、シー、ヒーと発音するのが普通だが、会話の中では短めの発音になりがちなため、本書では会話内では音を伸ばさない表記にしてある

■単数／複数と不定冠詞

英語では、数えられる名詞には a/an（ア／アン 1つの）または -s（ス／ズ 複数を表す）をつける。

数えられるものがひとつある場合、その言葉の前には a（ア）あるいは an（アン）という不定冠詞がつく。どちらも「1つの」という意味で、次のような使い方をする。

a をつけるもの		an をつけるもの	
a book（ア ブック）	1冊の本	an apple（アン アプゥ）	1個のリンゴ
a pen（ア ペン）	1本のペン	an e-mail（アン イーメイゥ）	1通のEメール
a boy（ア ボイ）	1人の少年	an airplane（アン エァプレイン）	1機の飛行機

表の右側の apple（**ア**プゥ）と e-mail（**イ**ーメイゥ）、airplane（**エ**ァプレイン）には、左側の3単語とは異なり、an がついているが、これは apple や e-mail が英語の母音（a , i , u , e , o）で始まっているから。

また、ものが1つではなく、複数ある場合には単語の前に a（ア）や an（アン）をつけるのではなく、次の例のように、単語の前には数をあらわす語、単語の最後には -s（ス／ズ 複数の s）をつけて表現する。

two books（トゥー ブックス）	2冊の本	three books（スリー ブックス）	3冊の本

英語は数を大事にする言葉なので、できるだけこれらの a（ア）や an（アン）、-s（ス／ズ）などのルールを守って話すよう心がけよう。

■定冠詞

名詞の前につく英語の冠詞には、すでに述べた不定冠詞（a／an ア／アン）のほかに、もうひとつ定冠詞の the（ザ／ズィ）がある。the（ザ／ズィ）は世の中にひとつしかなくだれでもすぐにそれだとわかるものや、その場ですでに話題に上がっていたり、すでにみんなに共通して認識されている単語などの前につく。例えば、太陽は世の中にひとつしかないので the sun（ザ **サ**ン）となり、ある本をだれかが話題にした後、もう一度「その本」と言うときにも the book（ザ **ブ**ック）と表現すれば OK。

●the（ザ／ズィ）の発音は2種類

the supermarket（ザ スーパァマーァケット）	そのスーパー	次の単語が子音で始まるときは「ザ」と発音する
the airport（ズィ エアポーァト）	その空港	次の単語が母音で始まるときは「ズィ」と発音する

講座2　文章の構造について知っておこう

■基本の語順（平叙文）

英語は日本語とは違い、語順をしっかり守る言語だ。日本語では「僕、食べたよ、その梅干しをね」と言っても、「僕はその梅干しを食べたよ」と言っても、あまり問題はないが、英語ではそうはいかない。まずは「～が」と動作の主体になる人やもの（主語）を話し、次に「どうする」や「である」などの動詞を、さらに「～を」「～」などにあたる目的語や補語を話す。詳細を次頁の表でチェックしてみよう。

主語	動詞	目的語（〜を）
I (アイ) 私は	love (ラヴ) 好きだ	you. (ユ) あなたが（を）
I (アイ) 私は	eat (イート) 食べる	an apple. (アン アプゥ) リンゴを

主語	動詞	補語（〜）
I (アイ) 私は	am (アム) です	a student. (ア ステューデント) 学生
She (シ) 彼女は	is (イズ) です	my mother. (マイ マザァ) 私の母

■be（ビー） 動詞は主語によって変化する

be（ビー）動詞は、主語や時制によって形が変わるので注意が必要だ。例えば「私は〜です」なら I am〜（アイ アム）となり be（ビー）動詞は am（アム）を使うが、主語の I（アイ）が you（ユー）に変わると be 動詞は are（アァ）、he（ヒー）なら is（イズ）のように変化する。

●be動詞の活用		1人称	2人称	3人称
現在	単数	I am 〜 アイ アム	You are 〜 ユ アァ	He(She/It) is 〜 ヒ（シ/イット）イズ
	複数	We are 〜 ウィ アァ	You are 〜 ユ アァ	They are 〜 ゼイ アァ
過去	単数	I was 〜 アイ ワズ	You were 〜 ユ ワァ	He(She/It) was 〜 ヒ（シ/イット）ワズ
	複数	We were 〜 ウィ ワァ	You were 〜 ユ ワァ	They were 〜 ゼイ ワァ

■たずねる形（疑問文）

英語でものをたずねるときは、2種類のルールで平叙文を変形する。

動詞が am（アム）, is（イズ）, are（アァ）（いずれも「〜です」の意）などの be（ビー）動詞の場合と、その他の動詞（一般動詞）の場合で違ったルールがある。ほかにも疑問詞（→P100）を用いて疑問文を作成する方法があるが、ここでは説明を省略する。

■一般動詞の疑問文の作り方

文の最初に Do（ドゥー）や Does（ダズ）をつけ加える。

平叙文	You have a camera. ユ ハヴ ア キャメラ	あなたはカメラを持っています
疑問文	<u>Do</u> you have a camera? ドゥ ユ ハヴ ア キャメラ♪	あなたはカメラを持っていますか？
平叙文	Mike plays baseball. マイク プレイズ ベイスボーゥ	マイクは野球をします
疑問文	<u>Does</u> Mike play baseball? ※ ダズ マイク プレイ ベイスボーゥ♪	マイクは野球をしますか？

※plays（プレイズ）の s（3人称単数の s と言う）がなくなることにも注意しよう。3人称単数とは「私」「あなた」以外でひとりだけの人やもののときを指す。例えば、「マイク」「彼」「彼女」、「それ」「あれ」などはすべて3人称単数だが、これらが主語のとき、一般動詞には -s をつけるというルールがある。疑問文にするときには、その -s がなくなってしまう。

■be 動詞の疑問文の作り方

be 動詞を文の頭に移動する。

平叙文	You ユ	<u>are</u> <u>アァ</u>	a student. ア ステューデント	あなたは生徒です
疑問文	<u>Are</u> <u>アァ</u>	you ユ	a student? ア ステューデント↗	あなたは生徒ですか？
平叙文	Mike マイク	<u>is</u> <u>イズ</u>	her friend. ハァ フレンド	マイクは彼女の友達です
疑問文	<u>Is</u> <u>イズ</u>	Mike マイク	her friend? ハァ フレンド↗	マイクは彼女の友達ですか？

■打ち消す形（否定文）

英語でなにかを打ち消す場合には、否定文の形にする。否定文とは「～ではない」「～しない」という日本語にあたる文。否定文を作るときも、疑問文のときと同じく、動詞が一般動詞か be（ビー）動詞かによって、ルールが異なる。

■一般動詞の否定文の作り方

動詞の前に don't（ドゥント）か doesn't（ダズント）をつける。

平叙文	You ユ	have ハヴ	a camera. ア キャメラ	あなたはカメラを持っています
否定文	You ユ	<u>don't</u> <u>ドゥント</u> have ハヴ	a camera. ア キャメラ	あなたはカメラを持っていません
平叙文	Mike マイク	plays プレイズ	baseball. ベイスボーゥ	マイクは野球をします
否定文	Mike マイク	<u>doesn't</u> <u>ダズント</u> play プレイ	baseball.※ ベイスボーゥ	マイクは野球をしません

※否定文でも、疑問文のときと同じく、plays（プレイズ）についていた s（ズ 3人称単数の s）がなくなることに注意しよう。

■be（ビー）動詞の否定文の作り方

be（ビー）動詞のうしろに、打ち消しの not（ナット）をつける。

平叙文	You ユ	are アァ	a student. ア ステューデント	あなたは生徒です
否定文	You ユ	are アァ	<u>not</u> <u>ナット</u> a student.※ ア ステューデント	あなたは生徒ではありません
平叙文	Mike マイク	is イズ	her friend. ハァ フレンド	マイクは彼女の友達です
否定文	Mike マイク	is イズ	<u>not</u> <u>ナット</u> her friend.※ ハァ フレンド	マイクは彼女の友達ではありません

※are not（アァ ナット）は多くの場合 aren't（アァント）、is not（イズ ナット）は多くの場合 isn't（イズント）と短縮されて話される。

ここで紹介したのは英語のルールのごく一部だが、旅先でもかんたんな会話ができるように、まずはいくつか自分で文を想像して、口に出す練習をしてみよう。「あなたはガイドですか？」なら、Are you a guide?（アァ ユ ア ガイド↗）と言えば OK。習うより慣れろの精神で頑張ろう！

ハワイにまつわる雑学ガイド

1 通り名は、日本人のほうが読める

ハワイのおもな通り名は、ほとんどがハワイの王様や偉人有名人の名前がつけられている。たとえばオアフ島をぐるりと回る主要道路はカメハメハ・ハイウェイ、ワイキキの目抜き通りはカラカウア通り、カハラからハナウマ湾を経てワイマナロ方面へ延びるカラニアナオレ・ハイウェイ…。カメハメハはそれまで戦国時代だったハワイを1795年に初めて統一し、王朝を築いた王。カラカウアはカメハメハ王朝第7代王。そしてカラニアナオレは、ハワイ王朝が倒れてアメリカ領土になった後、政治家となりハワイ人の権利を守ろうと尽力したクヒオ王子の名前に由来する。

Kamehameha, Kalakaua, Kalanianaole。ハワイ語の読みはほとんどローマ字読みなので、日本人にはそれほど苦にはならないが、英語圏の人にはこの母音と子音のセットの連続はてこずるらしい。英語のｋａであれば、「ケィ」や「キャ」と発音するのが普通。カメハメハはキャメィハメィハとなるのが自然だ。アメリカ人がハワイに来て、「ハワイの地名や通り名って、舌を噛みそう」と驚く人が多いのだ。でもハワイ語はローマ字読みで正しいから、日本人にとっては嬉しいかも。楽しい誤解が、リケリケ・ハイウェイ。ホノルルとカネオヘを結ぶ道だが、Like likeは、カイウラニ王女の母リケリケ女王の名だが、英語ならライク、好き。アメリカ人がこの通り名の看板を見たら、好き好きハイウェイと読み、なんだか楽しい気分になれそう。

2 返品はまったく No Problem

日本では、買った洋服の色がやっぱり気に入らないからといって、店に返せない。不良品なら取替えや返品も可能だが…。でもハワイでは、商品を汚さない限り、レシートさえあれば返品・返金は問題なし！「色が好きじゃなかった」も、立派な返品理由。店員も「OK！」と快諾する。人々はこの返品システムをクリスマス時期に活用する。贈り物の箱に、値段を伏せた返品用のレシートを入れておくのだ。相手はその品が気に入らなければ、レシートを金券代わりに使える。せっかくの贈り物を取り替えるなんて後ろめたい気もするし、それなら初めから金券を贈れば無駄がないかも…。が、ハワイではクリスマスの贈り物を選ぶのが楽しい恒例行事だから、しようがない。

3 どんな場所かがわかる ハワイ語の地名

ハワイの通り名には王族の名前が多いが、地名はどんな場所をハワイ語で表したものがほとんどだ。もともと道は近代に整備されたが、土地の名前は昔から使われていたものだから、当然のことかもしれない。少しハワイ語を理解すれば、土地名を聞いただけで、その場所がどんなところか想像できてしまう。

ワイキキは、ワイwai（水）がキキkīkī（湧き出る／正しい発音はキーキー）で、昔ワイキキが湿地帯だったことが、名前に表れている。高級住宅街のカハラは、カka（冠詞）ハラhala（木の名前）。きっと立派なハラの木がたくさんあったのだろう。

スノーケルの中心地、ハナウマ湾は、ハナhana（入り江）ウマuma（曲線状の）。ハナウマ湾を展望台から見たことのある人は、「なるほど、曲がった入り江だ」とヒザを打つはずだ。

ほかには、アラモアナala（道）moana（大洋）、ヌウアヌnu'u（高地）anu（涼しい）、ホノルルhono（入り江）lulu（護られた）。ホノルルは、コオラウ山脈によって風がさえぎられ静かな気候なので、ホノルルと名付けられたのだろう。

4 必ず守ろう！ ハワイのルール

楽園でのんびり…。と気がゆるみがちだが、絶対厳守のルールは守るべし。

禁煙 空港、ホテルロビー、ショッピングセンター、レストラン(テラス含む)、バーなどの建物内は喫煙コーナー以外禁煙。公共の乗り物内も禁煙で、喫煙は罰金。

飲酒 21歳未満の飲酒は法律で禁止されており、アルコール類を購入する際やナイトクラブでは身分証明書（ID）の提示を求められる。ビーチでの飲酒も禁止。

道路横断 横断歩道以外を横断することをジェイ・ウォーキングといい、私服警官が厳しく監視している。違反者には罰金が。

子供の放置厳禁 12歳以下の子供を放置することは法律で禁止されている。車中に子供を残して買い物に行く、ホテルの客室で昼寝させておいて外出、などは放置に該当し、保護者は逮捕対象となる。

持込み禁止 果物・野菜といった青果物、乳製品、一切の肉類（特にビーフ・エキスが入っているもの、即席麺を含む）など、ハワイへの持込が禁止されている品は多い。しかし、ホノルルのスーパー（→P64）には、おにぎりや納豆まで日本製の食品や雑貨が揃っているので、必要なものは現地調達で。

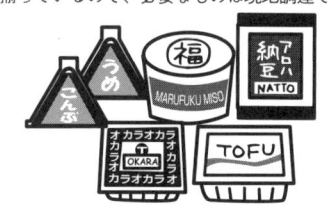

5 〈ハワイ語ミニ講座〉
歴史とハワイ語の今

ハワイに人が住みだしたのは、紀元300年ごろ。マルケサス諸島からカヌーで北上してきた人たちがハワイ人の祖先と言われている。

ハワイ人は文字を持たない民族だった。物事を文字で書き残すことはなく、神事や祭事、王族の家系や過去の自然災害、火山噴火の様子なども口頭で伝承されてきた。

ハワイに文字が生まれたのは、1820年以降。その年、キリスト教を広めるために、ニューイングランドから宣教師がやってきた。彼らは、耳で聞いたハワイ語をアルファベットに置き換え、書き残すことを人々に教えたのだった。

しかし、1893年にハワイ王政が終焉の時を迎え、ハワイはアメリカ領土に。1959年にはアメリカの50番目の州となった。その間、「ハワイはアメリカ」という意識を根付かせるためにもハワイ語は禁じられ、多くのハワイ人がハワイ語を忘れてしまった。

ところが1970年代にハワイアン・ルネッサンスと呼ばれるハワイ文化復興運動が高まった。一部ではあるが、幼稚園からハワイ語を学ばせたり、フラを学校の授業に取り入れるなど、ハワイ語教育が進められた。30年経って、ようやくハワイ語を日常語として話せる若者が増えつつあるが、実際はまだまだその数は少ない。

現在70〜80歳を超える、移住者ではないハワイ人の老人たちは、ハワイ語を子供のころに使っていたので覚えている人も多い。が、その下の中年代の人々は、「ハワイ語は使ってはいけない言葉」だったため、ハワイ語に触れずに大人になった人がほとんどだ。

現在、ハワイ生活の中でハワイ語がどのように使われているかというと、フラを踊る人やハワイアン音楽にたずさわる人、ハワイ人家系の間では、ハワイ語は盛んに使われる。が、日系人や中国系、韓国系など、移住者2世3世でフラとも無縁であれば、ハワイ語とはかけ離れた生活だ。ただ、生活の中で、ホテルやショッピングセンターの表示サインなどに、マカイ（海側）、マウカ（山側）、（ワヒネ）女性、（カネ）男性など、ハワイらしさを醸す単語は、普通に使われている。

6 〈ハワイ語ミニ講座〉
発音について

'ōhi'a lehua ッオーヒッア レフア / オキナ ーカハコウ

ハワイ語は、aeiouhklmnpwという12のアルファベットと、'（オキナ）、文字上に付く—（カハコウ）の2つの発音記号で表される。

母音はアエイオウ。これは日本語のアイウエオとほぼ同じ音。それに、hklmnpwが子音で、ローマ字と同じように母音との組み合わせで使われる。英語のように子音が独立して使われることはない。

だから普通にローマ字読みすればハワイ語は簡単に読めてしまう。ただ、発音のオキナは音を切るというか、吃音に近い「っ」という音。たとえばalaはアラで道。'alaはッアラで香りという言葉。また、カハコウは音を少し伸ばす印だ。日本語の「—」だと伸ばしすぎなので、その半分くらい。

オキナとカハコウは、慣れないと聞き取りにくく、ハワイでも印刷が面倒なので省略されていることも多い。なので、あまり神経質になる必要はないだろう。

英語で手紙を書こう!

旅で出会った人や、お世話になった人に、帰国後、手紙を出してみよう。
下記の書き方を参考にして、素直にお礼の気持ちを伝えてみれば友情が深まるはず!

September 1, 2011

Dear Mike and Julie,

　How are you? I am back home in Tokyo now, and I just wanted to thank you for being so nice to me and inviting me to your home. I had a wonderful time in Hawaii, but I will especially remember the fun we had together over dinner. Thank you also for taking me to my first hula show! I will send you copies of the pictures I took as soon as I get them developed.

　I really hope that you have the opportunity to come to Japan sometime soon. I would love to return the favor and show you around like you were so kind to do for me.

　Please give my regards to your family.

Sincerely,

Ayano Kimura

[日付]
アメリカの日付の書き方はイギリスやヨーロッパとは異なり、月・日・年の順で書く。数字なら9-1-11

[宛名]
・丁寧な場合
友達への手紙ではファーストネームで。ビジネスなど丁寧な手紙では Mr. や Mrs. の敬称(→P8)をつけ、末尾にはコロン(:)をつける(例 Mr. ○○:)

[結びの言葉]
より親しみのこもった言い方にしたいなら、Your friend, としたりSee you again!など気持ちを表す言葉であいさつに代えてもOK

[署名]
署名は肉筆で必ず行う

親愛なるマイクとジュリーへ

　元気ですか? 私は東京の自宅に戻ってきました。私にとても親切にしてくださり、お家にもご招待くださり、ありがとう。ハワイではすばらしい時間を過ごせましたが、特にご一緒したディナーでの楽しいひとときが印象に残っています。それから、はじめてのフラショーに連れて行ってもらったことにも感謝しています。写真ができ上がったらすぐに送りますね。

　近いうちに、ふたりが日本に来る機会ができることを楽しみにしています。あなた方がしてくださったように、日本を案内して、恩返ししたいです。

　ご家族のみなさんにもよろしくお伝えください。

[宛先の書き方]

左上に自分の名前と住所を書く。
表面に赤い文字で航空便AIR MAILであることを明記する。
中央を目安に相手の名前と住所を書く。
国名はゴシック体の大文字などで明確に。

```
Ayano Kimura
25-5 Haraikatamachi, Shinjuku-ku           [STAMP]
Tokyo, Japan 162-8446

                    Mr. and Mrs. Mike Smith
                    2155 kalakaua Ave.
                    Honolulu HI 96815
   AIR MAIL         U.S.A.
```

知っておこう

日本語 ➡ アメリカ(ハワイ)英語

50音順アメリカ(ハワイ)英語単語帳

※「食べよう」のシーンでよく使う単語には🍴印がついています
※「買おう」のシーンでよく使う単語には🛍印がついています
※「伝えよう」のシーンでよく使う単語には💬印がついています

あ

会う	meet \<hui\> ミート〈フイ〉
明るい 💬	light ライト
空きの (空席の)	vacant/empty ヴェイカント/エンプティ
開ける	open オウプン
あさって	day after tomorrow デイ アフタァ トゥマロウ
預ける (荷物を)	check チェック
アスピリン	aspirin アスペリン
暖かい	warm \<mahana\> ウォーァム〈マハナ〉
暑い	hot \<wela\> ハット〈ウエラ〉
後で	later レイタァ
危ない	dangerous デインジャラス
アレルギー 💬	allergy アラァジィ
安全な	safe セイフ
案内図	guide map ガイド マップ

い

胃、お腹	stomach \<'ōpū\> スタマック〈オープー〉
意識を なくす	faint フェイント
遺失物 相談所	lost and found ロスト アンド ファウンド
移住する	immigrate イマグレイト
急ぐ 💬	hurry \<wiki\> ハリィ〈ヴィキ〉

痛み	pain \<auī\> ペイン〈アウイー〉
胃腸薬	stomach medicine スタマック メディスン
嫌がらせ	abuse/harassment アビューズ/ハラスメント
入口	entrance \<komo 'ana\> エントランス〈コモ アナ〉

う

上に	up \<i luna\> アップ〈イ ルナ〉
うがい薬	mouth wash マウス ウォッシュ
受付け	information desk/reception インファァメイション デスク/リセプション
受け取る	receive リスィーヴ
後ろ	behind \<hope\> ビハインド〈ホペ〉
美しい 💬	beautiful \<nani\> ビューティフゥ〈ナニ〉
腕時計 🛍	watch ワッチ
海の見える 💬	with an ocean view ウィズ アン オウシャン ヴュー
売る	sell セゥ
うれしい 💬	glad \<le'a\> グラッド〈レッア〉
上着 🛍	jacket \<iakeke\> ジャケット〈イアケケ〉
運賃	fare フェアァ
運転する	drive ドライヴ

え

営業時間	business hours ビズィネス アウアァズ
エスカレーター	escalator エスカレイタァ

エステ	beauty salon ビューティ サロン
エチケット袋 💬	motion sickness bag モウション スィックネス バッグ
エレベーター	elevator \<'eleweka\> エレヴェイタァ〈エレヴェカ〉

お

おいしい 💬	delicious \<'ono\> ディリシャス〈オノ〉
応急処置	emergency measure イマージェンスィ メジャァ
横断歩道	crosswalk クラスウォーク
終える	finish \<ho'opau\> フィニッシュ〈ホッオパウ〉
丘	hill \<pu'u\> ヒゥ〈ブッウ〉
屋上	roof/rooftop ルーフ/ルーフトップ
送る	send センド
遅れる 💬	be late/be delayed ビ レイト/ビ ディレイド
教える 💬	show/tell ショウ/テゥ
押す	push/press \<pahu\> プッシュ/プレス〈パフ〉
遅い (時間)	late レイト
遅い (スピード)	slow \<lohi\> スロウ〈ロヒ〉
落ち着いた (雰囲気が) 💬	relaxed リラックスト
おつり 🛍	change チェインジ
落とす	drop ドラップ
お腹がすいた 💬	hungry \<pōloli\> ハングリィ〈ポーロリ〉
覚えている	remember リメンバァ

★ハワイ語は、「Hawaiian Dictionary」Mary Kawena Pukui・Samuel H. Elbert著を参考にしています

思い出す	remember リメンバァ
お湯	hot water ハット ワァタァ
折り返し電話する◎	call back コーゥ バック
降りる◎	get off ゲット アフ
降ろす（お金を）	withdraw ウィズドロー
終わる	end/finish エンド／フィニッシュ

か

改札	ticket gate/turnstile ティケット ゲイト／ターンスタイゥ
会社	company カンパニィ
外出する	go out ゴウ アウト
階段	stairs <alapiʻi> ステアラズ 〈アラッピイ〉
返す	return リターァン
帰る	go back ゴウ バック
鏡 ■	mirror <aniani> ミラァ 〈アニアニ〉
カギ	key <kī> キー 〈キー〉
書く	write <kākau> ライト 〈カーカウ〉
確認する	confirm カンファーム
傘	umbrella アンブレラ
火事	fire <ahi> ファイアァ 〈アヒ〉
貸す	lend レンド
風邪 ◎	cold <anu> コウゥド 〈アヌ〉
数える	count <helu> カウント 〈ヘル〉
肩	shoulder <poʻohiwi> ショウゥダァ 〈ポッオヒヴィ〉
硬い ◎	hard/tough <ʻoʻoleʻa> ハーァド／タフ 〈オッオレッア〉
カミソリ	razor レイザァ
辛い ◎	spicy/hot スパイスィ／ハット
借りる	borrow バロウ

ガレージ	garage ガラージ
河・川	river <muliwai> リヴァァ 〈ムリヴァイ〉
かわいい ◎	cute キュート
簡易ベッド	cot カット
眼科	optometry アプトウメトリィ
観光	sightseeing サイトスィーイング
観光案内所	tourist information トゥアリスト インフォァメイション
患者	patient ペイシェント
勘定 ■	check チェック
乾燥した（部屋が）◎	dry ドライ
看板	sign サイン

き

気温	temperature テンパラチャァ
傷（軽い傷）	wound ウーンド
きつい（衣服が）■	tight タイト
喫煙所	smoking area スモゥキング エアリア
気分が悪い ◎	feel sick フィーゥ スィック
キャンセルする ◎	cancel キャンセゥ
キャンセル料	cancellation charge キャンセレイション チャーァジ
救急車 ◎	ambulance アンビャランス

休憩室	lounge ラウンジ
急性の	acute アキュート
距離	distance ディスタンス
嫌いだ ◎	dislike/hate ディスライク／ヘイト
霧	fog <noe> ファグ 〈ノエ〉
禁煙	non-smoking <ʻaʻole uahi> ノンスモウキング 〈アッオレ ウアヒ〉
緊急の	emergency イマーァジェンスィ
金庫	safe セイフ
銀行	bank <panakō> バンク 〈パナコー〉
近所	neighbourhood ネイバァフッド
緊張した ◎	nervous ナーァヴァス
筋肉痛	muscle pain マスゥ ペイン

く

空港	airport エアポート
空席の	available/vacant seat アヴェイラブゥ／ヴェイカント スィート
くし	comb コウム
薬 ■	medicine <lāʻau> メディスン 〈ラーッアウ〉
口紅	lipstick <mea hoʻulaʻula lehelehe> リップスティック 〈メア ホーッウラッウラ レヘレヘ〉

★ 出入国編 ★

入国審査	inspection	インスペクション
検疫	quarantine	クウォランティーン
居住者／非居住者	resident/non-resident	レズィデント／ナンレズィデント
パスポート	passport	パスポート
ビザ	visa	ヴィーザ
サイン	signature	スィグナチャァ
入国目的	purpose of visit	パーァパス アヴ ヴィズィット
観光	sightseeing	サイトスィーイング
商用	business	ビズィネス
滞在予定期間	intended length of stay	インデンディド レングス アヴ ステイ
乗継ぎ	layover	レイオウヴァァ
荷物引取り	baggage claim	バギッジ クレイム
税関審査	customs	カスタムズ
免税／課税	duty-free	デューティフリー

知っておこう

137

日本語	English / カナ	日本語	English / カナ	日本語	English / カナ
くつろぐ	feel at home/relax フィーゥ アット ホウム/リラックス	航空便	airmail エアメイゥ	採寸する	take someone's size テイク サムワンズ サイズ
曇りの	cloudy \<kaumaha\> クラウディ〈カウマハ〉	交差点	intersection \<huina\> インタァセクション〈フイナ〉	再発行する	reissue リイシュー
暗い 🔊	dark ダーァク	工事中	under construction アンダァ カンストラクション	財布	wallet ワレット
クリーニング 🔊	dry cleaning ドライ クリーニング	公衆電話	pay phone ペイ フォウン	サイン（署名）🔒	signature スィグナチャァ
繰り返す	repeat リピート	公衆トイレ 🔊	public restrooms パブリック レストルーム	サイン（署名）する 🔒	sign サイン
クレーム	complaint カンプレイント	高速道路	freeway \<alaloa\> フリーウェイ〈アラロア〉	詐欺 🔊	fraud フロード
郡	county カウンティ	交通機関	transportation トランスポァテイション	先払いする	pay in advance ペイ イン アドヴァンス
け		交通事故	traffic accident トラフィック アクスィデント	酒 📱	alcohol \<waikulu\> アゥカホウ〈ワイクル〉
警察官	police officer \<mākaʻi\> パリース オフィサァ〈マーカッイ〉	強盗	robber ラバァ	撮影する	take a picture \<paʻi kiʻi\> テイク ア ピクチャァ〈パッイ キッイ〉
携帯電話	cell phone セゥ フォウン	声	voice \<leo\> ヴォイス〈レオ〉	殺虫剤	insecticide/bug spray インセクテサイド/バグ スプレイ
外科	surgery サーァジェリィ	国際運転 免許証	international driver's license インタァナショナゥ ドライヴァァズ ライセンス	サプリメント	supplement サプゥメント
ケガをする 🔊	get hurt ゲット ハーァト	国際通話	international call インタァナショナゥ コーゥ	寒い 🔊	cold \<anu\> コウゥド〈アヌ〉
化粧品 🔒	cosmetics \<mea hoʻouʻiuʻi\> カズメティックス〈メア ホッオウッイウッイ〉	故障する 🔊	break down ブレイク ダウン	**し**	
血圧	blood pressure ブラッド プレッシャァ	小銭 🔒	change チェインジ	市外通話 🔊	long-distance call ロング ディスタンス コーゥ
血液型 🔊	blood type ブラッド タイプ	骨折	fracture フラクチャァ	止血する	stop the bleeding スタップ ザ ブリーディング
下痢	diarrhea ダイアリア	子供料金	chidren's fare チゥドレンズ フェアァ	時刻表	timetable タイムテイブゥ
ケンカ	fight/quarrel \<hakakā\> ファイト/クワレゥ〈ハカカー〉	断る	decline/refuse ディクライン/リフューズ	事故証明書	accident report アクスィデント リポート
玄関	front door フラント ドアァ	ゴミ	trash \<ʻōpala\> トラッシュ〈オーパラ〉	時差	time difference タイム ディファランス
元気な 🔊	fine/well \<maikaʻi\> ファイン/ウェゥ〈マイカッイ〉	ゴミ箱	trash can \<kini ʻōpala\> トラッシュ キャン〈キニ オーパラ〉	時差ボケ	jet lag ジェット ラグ
現金 🔒	cash キャッシュ	コレクトコール 🔊	collect call コレクト コーゥ	試食する 📱	taste/try a food sample テイスト/トライ ア フード サンプゥ
検査	check/inspection チェック/インスペクション	壊れ物	fragile フラジャイゥ	静かな 🔊	quiet \<mālie\> クワイエット〈マーリエ〉
現像する	develop ディヴェラップ	壊れる 🔊	break ブレイク	下着	underwear \<paleʻaʻhu\> アンダァウェアァ〈パレッアッフ〉
現地スタッフ	local staff ローカゥ スタッフ	混雑した	crowded クラウディド	下に	down \<i lalo\> ダウン〈イ ラロ〉
こ		コンセント	outlet アウトレット	試着する 🔒	try on トライ オン
（コイン）ロッカー	(coin-operated) locker （コインアペレイティド）ラッカァ	**さ**		湿度	humidity ヒューミディティ
硬貨 🔒	coins \<kāla paʻa\> コインズ〈カーラー パッア〉	サービス料 📱	service charge サーァヴィス チャーァジ	湿布	compress カンプレス
交換する	exchange イクスチェインジ			指定席	reserved seat リザーァヴド スィート

138

日本語	English	日本語	English	日本語	English
自動販売機	vending machine ヴェンディング マシーン	錠剤	pill/tablet ピゥ/タブレット	新婚旅行	honeymoon ハニィムーン
市内通話	local call ローカゥ コーゥ	上司	boss <luna> バス〈ルナ〉	診察	examination イグザミネイション
支払う	pay <uku> ペイ〈ウク〉	招待する	invite インヴァイト	寝室	bedroom <lumi moe> ベッドルーム〈ルミ モエ〉
地ビール	regional beer/local beer リージョナァ ビアァ/ローカゥ ビアァ	使用中	occupied アキュパイド	親戚	relatives リラティヴズ
耳鼻咽喉科	otolaryngology オゥトラレンガラジィ	消毒液	disinfectant ディスインフェクタント	診断書	medical certificate メディカゥ サーァティフィケット
持病	chronic disease クロニック ディズィーズ	小児科	pediatrics ピーディアトリクス	じんましん	hives ハイヴズ
紙幣	bills <kālā pepa> ビゥズ〈カーラー ペパ〉	消費税	sales tax/consumption tax セイゥズ タックス/カンサンプション タックス	深夜に	late at night レイト アット ナイト
脂肪	fat/grease ファット/グリース			**す**	
島	island <moku> アイランド〈モク〉	消防自動車	fire engine ファイアァ エンジェン	睡眠薬	sleeping pills スリーピング ピゥズ
事務所	office <ke'ena hana> オフィス〈ケッエナ ハナ〉	消防署	fire station ファイアァ ステイション	好きだ	like ライク
ジメジメした	humid ヒューミッド	賞味期限	expiration date エクスペレイション デイト	過ぎる	pass パス
閉める・閉じる	close <pani> クロウズ〈パニ〉	証明書	certificate サーァティフィケット	すぐに	soon スーン
蛇口	faucet フォーセット	正面に	in front of イン フラント アヴ	涼しい	cool <'olu'olu> クーゥ〈オルッオル〉
州	state ステイト	食あたり	food poisoning フード ポイズニング	ステレオ	stereo <mi-kini ho'okani> ステリオゥ〈ミーキニ ホッオカニ〉
住所	address アドレス	食事	meal <'aina> ミーゥ〈アイイ〉	すばらしい	wonderful/great ワンダフゥ/グレイト
自由席	non-reserved seat ナンリザーァヴド スィート	食欲	appetite アペタイト	住む	live リヴ
充電	charge チャーァジ	処方箋	prescription プリスクリプション	スリ	pickpocket ピックパケット
週末	weekend <hopena pule> ウィーケンド〈ホペナ プレ〉	知る	know ノウ	座る	sit/have a seat <noho> スィット/ハヴ ア スィート〈ノホ〉
重要な	important インポーァタント	信号	signal スィグナゥ	**せ・そ**	
修理する	fix/repair フィックス/リペアァ	申告する	declare ディクレアァ	税	tax タックス
宿泊する	stay ステイ				
手術	operation アペレイション				
出血する	bleed ブリード				
出張	business trip ビズィネス トリップ				
準備ができた	ready レディ				
紹介する	introduce イントロデュース				
消化不良	indigestion インデジェスション				

★ 電話・通信編 ★

日本語	English	カタカナ
公衆電話	pay phone	ペイ フォウン
市内通話	local call	ロウクゥ コーゥ
長距離通話	long-distance call	ロングディスタンス コーゥ
国際電話	international call	インタァナショナゥ コーゥ
交換手経由の通話	operator-assisted call	アペレイタァアスィスティド コーゥ
番号通話	direct-dial call	デレクトダイアゥ コーゥ
コレクトコール	collect call	コレクト コーゥ
テレフォンカード	telephone card	テレフォウン カーァド
ファクシミリ	facsimile	ファクスィメリ
航空便	airmail	エァァメイゥ
船便	mail by ship	メイゥ バイ シップ
ポスト	mailbox	メイゥバックス
切手	stamp	スタンプ
インターネット	internet	インタァネット

日本語	English / Hawaiian
請求する 🅟	charge / チャージ
税込みの 🅟	including tax / インクルーディング タックス
精算する 🅟	cash out / キャッシュ アウト
成人	adult / アダゥト
生理	period / ピアリアド
生理痛	cramps / クランプス
生理用品	tampon / タンパン
背が高い	tall <loloa> / トーゥ〈ロロア〉
背が低い	short / ショーァト
咳	cough <kunu> / カフ〈クヌ〉
席（乗り物）	seat / スィート
席（レストラン）	table / テイブゥ
窃盗	theft / セフト
セレブ	celebrity / セレブリティ
洗浄液（コンタクト）🅟	lens solution / レンズ ソリューション
ぜんそく	asthma / アズマ
洗濯物	laundry <lole lepo> / ローンドゥリィ〈ロレ レポ〉
洗面用具	toiletries / トイラットリーズ
専門医	medical specialist / メディカゥ スペシャリスト
騒音	noise / ノイズ
掃除をする	clean <ho'oma'ema'e> / クリーン〈ホッオマッエマッエ〉
早朝	early morning <kakahiaka> / アーゥリィ モーニング〈カカヒアカ〉
外	outside / アウトサイド

た

日本語	English / Hawaiian
体温	body temperature / バディ テンパラチャァ
体温計	thermometer / サァマメタァ
退屈 🅢	boring / ボアリング
滞在	stay / ステイ
大使館	embassy / エンバスィ
大丈夫 🅢	okay / オウケイ
高い（高さが）	high/tall <ki'eki'e> / ハイ/トーゥ〈キッエキッエ〉
高い（値段が）🅟	expensive / イクスペンスィヴ
タクシー乗り場	taxi stand / タクスィ スタンド
助ける	help <kōkua> / ヘゥプ〈コークア〉
たずねる	ask / アスク
立ち上がる	stand up <kū> / スタンド アップ〈クー〉
楽しむ	enjoy/have fun / エンジョイ/ハヴ ファン
タバコ	cigarettes <paka> / シガレッツ〈パカ〉
タバコを吸う 🅢	smoke / スモウク
打撲	bruise / ブルーズ
だます	cheat / チート
団体旅行	group tour / グループ トゥアァ

ち

日本語	English / Hawaiian
血	blood <koko> / ブラッド〈ココ〉
近道する	shortcut / ショーァトカット
チケット売り場	ticket booth / ティケット ブース
地図	map <palapala'āina> / マップ〈パラパラッアーイナ〉
チップ 🅟	tip <uku lawelawe> / ティップ〈ウク ラヴェラヴェ〉
中華の 🅟	Chinese <pākē> / チャイニーズ〈パーケー〉
中古の	second hand / セカンドハンド
注射	injection / インジェクション
駐車禁止	no parking / ノウ パーァキング
駐車場	parking lot <wahi ku-kulu ka'a> / パーァキング ラット〈ヴァヒ クークル カッア〉
直進する	go straight / ゴウ ストゥレイト
直行便	non-stop / ナンスタップ
鎮痛剤	pain medication / ペイン メディケイション

つ

日本語	English / Hawaiian
追加料金	additional charge / アディショナゥ チャーァジ
通路	aisle <alanui> / アイゥ〈アラヌイ〉
疲れて	tired <luhi> / タイァド〈ルヒ〉
次の	next/following / ネクスト/フォロウィング
続ける	continue / カンティニュー
包む	wrap / ラップ
つなぐ	connect / コネクト
爪	fingernail <miki'ao> / フィンガァネイゥ〈ミキッアオ〉
冷たい 🅢	cold / コウゥド

て

日本語	English / Hawaiian
手当てする	give medical treatment to / ギヴ メディカゥ トゥリートメント
テイクアウトする 🅟	buy...to go / バイ トゥ ゴウ
定刻どおりに	on time / オン タイム
ティッシュ	tissue <pepa ho'okē> / ティシュ〈ペパ ホッオケー〉
出口	exit <puka 'ana> / エグズィット〈プカ アッナ〉
手数料	service charge / サーヴィス チャーァジ
手荷物	baggage/luggage / バッゲッジ/ラギッジ
手荷物預かり所（クローク）	cloakroom / クロウクルーム
デパート	department store / ディパーァトメント ストーァ
テロ	terrorism / テラリズム
天気 🅢	weather / ウェザァ
電気（灯り・照明）	light / ライト
天気予報	weather report <wānana i ke au o ka manawa> / ウェザァ リポーァト〈ヴァーナナ イ ケ アウ オ カ マナヴァ〉

140

日本語	English	発音
電源	power source	パウアァ ソーアス
伝言	message	メスィジ
店内で食べるための	for here	フォア ヒアァ
電話	telephone	テレフォウン
電話帳	telephone book/directory	テレフォウン ブック/ディレクトリィ

と

日本語	English	発音
トイレ	restroom <lumi ho'omaha>	レストルーム〈ルミ ホッオマハ〉
到着する	arrive	アライヴ
盗難	theft	セフト
同伴者	companion	カンパニアン
同僚	co-worker <hoa hana>	コウワーアカァ〈ホア ハナ〉
道路	road <ala>	ロウド〈アラ〉
登録する	register	レジェスタァ
遠回り	long way	ロング ウェイ
通り	street <alanui>	ストリート〈アラヌイ〉
時計	clock/watch <uaki>	クロック/ワッチ〈ウアキ〉
途中で	on the way	アン ザ ウェイ
届ける	deliver	ディリヴァ
徒歩で	on foot <hele wāwae>	アン フット〈ヘレ ヴァーヴァエ〉
ドライヤー	blow dryer	ブロウ ドライアァ
ドラッグストア	drugstore	ドラッグストーァ
トランク	trunk	トランク
取り扱い注意	handle with care	ハンドゥ ウィズ ケアァ
取引	deal	ディーゥ
泥棒	thief <'aihue>	スィーフ〈アイフエ〉

な・に

日本語	English	発音
内科	internal medicine	インターナゥ メディスン
内線	extension	エクステンション
直す	fix/repair	フィックス/リペアァ
治る	get well	ゲット ウェゥ
長い	long <loa>	ロング〈ロア〉
眺めのいい	scenic	スィーニック
軟膏	ointment	オイントメント
においがする	smell <honi>	スメゥ〈ホニ〉
荷物	baggage/luggage	バギッジ/ラギッジ
入場料	entrance fee	エントランス フィー
尿	urine	ユアラン
庭	garden/yard <pā>	ガーァデン/ヤーァド〈パー〉

ね・の

日本語	English	発音
値段・価格	price	プライス
熱がある	have a fever	ハヴ ア フィーヴァァ
ネット接続	internet connection	インタァネット カネクション
眠る	sleep <hiamoe>	スリープ〈ヒアモエ〉
捻挫	sprain	スプレイン
喉	throat <pu'u>	スロウト〈プウ〉
喉が渇いた	thirsty <make wai>	サーァスティ〈マケ ヴァイ〉
飲み物	drink <mea inu>	ドリンク〈メア イヌ〉
乗り換える	change	チェインジ
乗り捨てる (レンタカー)	drop off	ドロップ アフ
乗り損なう	miss	ミス
乗り継ぎ	connection	コネクション
乗り物酔い	motion sickness	モウション スィックネス
乗る	get on/ride <kau>	ゲット アン/ライド〈カウ〉
のんびりする	relax <ku'u aku>	リラックス〈クッウ アク〉

は

日本語	English	発音
歯	teeth <niho>	ティース〈ニホ〉
肺炎	pneumonia	ニューモウニャ
歯医者	dentist <kauka niho>	デンティスト〈カウカ ニホ〉
歯痛	toothache	トゥースエイク
入る	enter <komo>	エンタァ〈コモ〉
吐き気がする	be nauseous	ビ ノーシャス
吐く	vomit	ヴァメット
運ぶ	carry <lawe>	キャリィ〈ラウェ〉
始まる	begin/start <ho'omaka>	ビギン/スターァト〈ホッオマカ〉
場所	place	プレイス
バスで	by bus	バイ バス
バス停	bus stop	バス スタップ
パソコン	personal computer	パーァソナゥ カンピュータァ
働く	work	ワーァク
発行する	issue/publish	イシュー/パブリッシュ

★ 両替編 ★

日本語	English	発音
ドルに交換してください	Please exchange this to dollars.	プリーズ イクスチェインジ ズィス トゥ ダラァズ
小銭をまぜてください	Please include small change.	プリーズ インクルード スモーゥ チェインジ
銀行	bank	バンク
両替所	currency exchange	カレンスィ イクスチェインジ
為替レート	exchange rate	イクスチェインジ レイト
為替レートはいくらですか？	What's the exchange rate?	ウワッツ ズィ イクスチェインジ レイト
外貨交換証明書	exchange receipt	イクスチェインジ リスィート

知っておこう

派手(衣服が)	flashy フラッシィ		必要な	necessary ネセサリィ		変圧器	transformer トランスフォーァマァ
パトカー	police car パリース カーァ		ビデオカメラ	video camera ヴィディオウ キャマラ		返金する	refund リファンド
話す	talk <'ōlelo> トーク〈オーレロ〉		110番／119番	911 ナインワンワン		変更する	change チェインジ
はねる(人を)	hit ヒット		日焼け	sunburn <'ili pāpa'a> サンバーァン〈イリ パーパァ ラー〉		便秘	constipation カンスタペイション
歯ブラシ	toothbrush <palaki niho> トゥースブラッシュ〈パラキ ニホ〉		日焼け止め	sunscreen サンスクリーン		返品する	return リターァン
葉巻	cigar スィガァ		病院	hospital <hale ma'i> ハスピタゥ〈ハレ マッイ〉		**ほ**	
歯磨き粉	toothpaste トゥースペイスト		病気	sickness/illness <ma'i> シックネス／イゥネス〈マッイ〉		方向	direction ディレクション
早い(時間)	early アーァリィ		標識	sign <hō'ailona> サイン〈ホーッアイロナ〉		暴行	violence/outrage ヴァイオレンス／アウトレイジ
速い(スピード)	fast <wikiwiki> ファスト〈ヴィキヴィキ〉		拾う	pick up ピック アップ		帽子	cap/hat <pāpale> キャップ／ハット〈パーパレ〉
払戻し	refund/reimbursement リファンド／リインバーァスメント		貧血	anaemia アニーミア		包帯	bandage バンデイジ
晴れの	sunny/clear <lā> サニィ／クリアァ〈ラー〉		**ふ**			ポーター	porter ポーァタァ
番号	number ナンバァ		ファックス	fax ファックス		保険	insurance インシュアランス
絆創膏	Band-Aid バンデイド		不安な	worried ワリード		保険料	insurance premium インシュアランス プリーミアム
反対側の	opposite アパズィット		夫婦	married couple <pa'a male> マリッド カプゥ〈パッア マレ〉		**ま**	
半日の	half-day ハーフデイ		部下	subordinate サブオーァディネイト		迷子になる	be lost ビ ロスト
パンフレット	pamphlet パンフレット		腹痛	stomach-ache スタマックエイク		前売り券	advance ticket アドヴァンス ティケット
ひ			二日酔い	hangover ハングオウヴァァ		前に(位置)	in front of イン フラント アヴ
被害	damage ダミジ		フラ	<hula> フラ		前もって	beforehand/in advance ビフォァハンド／イン アドヴァンス
日帰りの	one-day ワンデイ		ブラシ	brush ブラッシュ		曲がる	turn <huli> ターァン〈フリ〉
引く	pull <huki> プゥ〈フキ〉		ブランド品	brand goods/designer goods ブランド グッズ／ディザイナァ グッズ		まずい(味)	taste terrible <'ono 'ole> テイスト テリブゥ〈オノ ッオレ〉
低い	low <ha'a> ロウ〈ハッア〉		古い	old <kahiko> オウゥド〈カヒコ〉		待合室	waiting room ウェイティング ルーム
ヒゲ	moustache/beard マスタッシュ／ビアァド		フロント	front desk フラント デスク		間違う	make a mistake メイク ア ミステイク
ヒゲを剃る	shave シェイヴ		分割払い	instalment payments インストーゥメント ペイメンツ		マッサージ	massage <lomilomi> マサーァジ〈ロミロミ〉
飛行機で	by plane バイ プレイン		紛失した	missing ミスィング		窓	window <pukaaniani> ウィンドウ〈プカアニアニ〉
非常口	emergency exit イマーァジェンスィ エグズィット		**へ**			間に合う	be in time ビ イン タイム
左	left <hema> レフト〈ヘマ〉		平日	weekday ウィークデイ		眉	eyebrows <ku'emaka> アイブラウズ〈クッエマカ〉
ピッタリの(サイズが)	fit フィット		ベランダ	veranda <lānai> ヴェランダ〈ラーナイ〉		満室(掲示)	no vacancy ノウ ヴェイカンスィイ

日本語	English / 読み
慢性の	chronic クロニック
満席の	full フゥ
満足した	satisfied サティスファイド

み

日本語	English / 読み
右	right <'ākau> ライト〈アーカウ〉
短い	short <pōkole> ショーァト〈ポーコレ〉
湖	lake <loko> レイク〈ロコ〉
未成年	under age/minor アンダァ エイジ／マイナァ
見せる	show ショウ
道に迷う	get lost ゲット ロスト
ミネラルウォーター	bottled water ボトゥド ワァタァ
脈拍	pulse パゥス
みやげ	souvenir <mea ho'omana'o> スーヴェニァァ〈メア ホッオマナッオ〉
名字	family name ファミリィ ネイム

む・め

日本語	English / 読み
虫除け	insect repellent インセクト リペラント
無料の	free フリー
名所	place of interest プレイス アヴ インタレスト
眼鏡	glasses <makaaniani> グラスィズ〈マカアニアニ〉
目薬	eye drops アイドラップス
目覚まし時計	alarm clock アラーァム クロック
目印	mark マーァク
珍しい	rare/unusual レアァ／アニュージュアゥ
めまい	dizziness ディズィネス
免税店	duty-free shop デューティフリー シャップ

も

日本語	English / 読み
申込用紙	application form アプリケイション フォーァム
申し込む	apply for アプライ フォア
毛布	blanket ブランケット
モーニングコール	wake-up call ウェイカップ コーゥ
目的	purpose パーァパス
目的地	destination デスティネイション
持ち帰りの	to go トゥ ゴゥ
持っていく	take テイク
戻ってくる	come back カム バック

や・ゆ

日本語	English / 読み
焼き増しする	reprint リプリント
火傷	burn バーァン
安い(値段が)	cheap チープ
薬局	pharmacy ファーアマスィ
軟らかい	soft <nahe nahe> ソフト〈ナヘ ナヘ〉
憂鬱な	depressed/gloomy ディプレスト／グルーミィ
有効な	effective/valid エフェクティヴ／ヴァリッド
郵便番号	zip code ズィップ コウド
有名な	famous <kaulana> フェイマス〈カウラナ〉
緩い(衣服が)	loose ルース

よ

日本語	English / 読み
幼児	infant/little child <keiki> インファント／リトゥ チャイゥド〈ケイキ〉
浴室	bathroom/shower <lumi'au'au> バスルーム／シャウアァ〈ルミッアウッアウ〉
横になる	lie down ライ ダウン
汚れた	dirty ダーァティ
酔った	drunk <'ona> ドランク〈オナ〉
呼ぶ	call <hea> コーゥ〈ヘア〉
予約する	make a reservation メイク ア レザァヴェイション
弱い	weak <nāwali> ウィーク〈ナーヴァリ〉

ら・り

日本語	English / 読み
ライター	lighter ライタァ
ラジオ	radio <lekiō> レイディオウ〈レキオー〉
流行の	popular パピュラァ
両替	exchange イクスチェインジ
料金	fee/charge フィー／チャーァジ
領収書	receipt リスィート
旅行者	traveler <kama hele> トラヴェラァ〈カマ ヘレ〉

る・れ・ろ

日本語	English / 読み
留守番電話	answering machine アンサリング マシーン
レイ	<lei>〈レイ〉
冷房	air-conditioning エアァカンディショニング
レジ	cashier キャシァア
レンタカー	car rental カーァ レンタゥ
連絡先	contact information カンタクト インフォメイション
路線図	route map ラゥト マップ
ロビー	lobby ロビィ

わ

日本語	English / 読み
わかる	understand アンダスタンド
和食の	Japanese ジャパニーズ
忘れる	forget <poina> フォーァゲット〈ポイナ〉
渡る(道を)	go across ゴゥ アクロス
割引	discount ディスカウント

知っておこう

絵を見て話せる タビトモ会話

ハワイ (ハワイ英語 + 日本語/ハワイ語)

絵を見て話せる タビトモ会話

<アジア>
- ①韓国
- ②中国
- ③香港
- ④台湾
- ⑤タイ
- ⑥バリ島
- ⑦ベトナム
- ⑧フィリピン
- ⑨カンボジア
- ⑩マレーシア
- ⑪インドネシア
- ⑫ネパール
- ⑬ソウル
- ⑭バンコク
- ⑮上海

<ヨーロッパ>
- ①イタリア
- ②ドイツ
- ③フランス
- ④スペイン
- ⑤ロシア
- ⑥フィンランド
- ⑦スウェーデン
- ⑧ポルトガル

<アメリカ>
- ②カナダ

<太平洋>
- ①ハワイ

<中近東>
- ①トルコ
- ②エジプト

<中南米>
- ①ペルー

<ビジネス>
ビジネス中国語

<JAPAN>
- ①JAPAN 英語+日本語
- ⑩LIFE IN JAPAN

続刊予定

- インド
- イギリス
- オランダ
- チェコ
- アメリカ
- ブラジル
- メキシコ
- オーストラリア

初版印刷	2011年7月15日
初版発行	2011年8月1日 (Aug.1,2011,1st edition)
編集人	百目鬼智子
発行人	横山裕司
発行所	JTBパブリッシング
印刷所	凸版印刷
●企画/編集	出版事業本部 海外情報部
●編集/執筆協力	四谷工房 瀬戸みゆき
●表紙デザイン	高多 愛 (Concent, Inc.)
●本文デザイン	Concent, Inc./アイル企画
●翻訳協力	小林明子 マシュー・カールセン
●組版	凸版印刷
●イラスト	中根麻利/霧生さなえ
●マンガ	玖保キリコ

●JTBパブリッシング
〒162-8446
東京都新宿区払方町25-5
編集:☎03-6888-7878
販売:☎03-6888-7893
広告:☎03-6888-7831
http://www.jtbpublishing.com/

●旅とおでかけ旬情報
http://rurubu.com/

禁無断転載・複製
©JTB Publishing 2011 Printed in Japan
154461 758420 ISBN978-4-533-08326-6